人は、
変えて
ゆく人だ。

JN037034

目の前にある問題はもちろん、

人生の問いや、社会の課題を自ら見つけ、

挑み続けるために、人は学ぶ。

「学び」で、少しずつ世界は変えてゆける。

いつでも、どこでも、誰でも、

学ぶことができる世の中へ。

旺文社

7日間完成

文部科学省後援

英検®4級 予想問題ドリル
[5訂版]

英検®は，公益財団法人 日本英語検定協会の登録商標です。

はじめに

もうすぐ試験本番―そんなときに一番大事な英検対策は，試験形式に慣れることです。『7日間完成 英検 予想問題ドリル』シリーズは，7日間で試験本番に向けて，直前の総仕上げができる問題集です。目安として1日1セットずつ学習することで，最新の試験形式に慣れることができ，合格への実力が養成されるように構成されています。

本書には以下のような特長があります。

本番に限りなく近い予想問題！
過去問分析を基にした本番に近い予想問題を収録しています。また，各回の最初に，単熟語，文法，問題攻略法などをまとめたページもあるので，効率よく重要事項を押さえることができます。

学習スタイルに合わせて音声が聞ける！
リスニングアプリ「英語の友」を使ってスマホでの音声再生が可能です。また，PCからの音声ファイルダウンロードにも対応しています。

スピーキングテストにも対応！
本書1冊でスピーキングテスト対策までカバーしています。

採点・見直しが簡単にできる！
各Dayの筆記試験・リスニングテストは採点・見直し学習アプリ「学びの友」対応。解答をオンラインマークシートに入力するだけで簡単に採点ができます。

本書を活用し，合格に向かってラストスパートをかけてください！ 皆さんの英検4級合格を心より願っています。最後に，本書を刊行するにあたり，多大なご尽力をいただきました本多美佐保先生に深く感謝の意を表します。

※本書の内容は，2024年2月時点の情報に基づいています。実際の試験とは異なる場合があります。受験の際は，英検ウェブサイトなどで最新情報をご確認ください。
※本書は旧版である4訂版の音声提供方法を変更したもので，内容は同じです。
※このコンテンツは，公益財団法人 日本英語検定協会の承認や推奨，その他の検討を受けたものではありません。

Contents

執筆：本多美佐保（埼玉県立狭山緑陽高等学校）　編集協力：日本アイアール株式会社，株式会社交学社

デザイン：相馬敬徳（Rafters）　装丁イラスト：根津あやぼ　本文イラスト：駿高泰子，有限会社アート・ワーク

録音：ユニバ合同会社　ナレーション：Greg Dale，Julia Yermakov，大武芙由美　組版：株式会社 明昌堂

本書の使い方

本書を以下のような流れに沿って使うことで，7日間で対策をすることができます。

┌───┐
│ ❶試験について知る   │
│ 本冊p.5「英検4級の試験形式と攻略法」をよく読んで内容を把握しましょう。 │
└───┘

───────── **Day 1～7に7日間取り組む** ─────────

┌──────────────────────┐   ┌──────────────────────┐
│ ❷学習する   │   │ ❸問題を解く   │
│ 冒頭の まとめ で合格に │   │ 模試 に挑戦しましょう。 │
│ 必要な知識を把握しま   │ →   │ ●制限時間内に解きましょう。│
│ しょう。   │   │ ●付属のマークシートもしくは自動採点サー │
│ ●付属の赤セルを使っ   │   │   ビス（詳しくはp.4）で解答しましょう。│
│   て，単語や表現を暗   │   └──────────────────────┘
│   記しましょう。   │   │
└──────────────────────┘
                                            │
                              ┌──────────────────────────┐
                              │ ❹答え合わせをする   │
                              │ 別冊の「解答と解説」で答え合わせをしましょう。│
                              │ ●どの技能も6割以上正解していれば，合格の可 │
                              │   能性は高いでしょう。   │
                              └──────────────────────────┘

音声について

本書の音声は，以下の2通りでご利用いただけます。

音声ファイルで再生

詳しくはp.4をご覧ください。収録箇所は 🔊 **001** などで示しています。

アプリ「英語の友」（iOS/Android）で再生

❶「英語の友」公式サイトより，アプリをインストール
（右の二次元コードから読み込めます）

https://eigonotomo.com/　　　 英語の友　 検索

❷ライブラリより本書を選び，「追加」ボタンをタップ

※本アプリの機能の一部は有料ですが，本書の音声は無料でお聞きいただけます。アプリの詳しいご利用方法は「英語の
　友」公式サイト，あるいはアプリ内のヘルプをご参照ください。
※本サービスは予告なく終了することがあります。

Web特典について ※本サービスは予告なく終了することがあります。

アクセス方法

❶以下のURLにアクセス（右の二次元コードから読み込めます）

https://eiken.obunsha.co.jp/yosoudrill/

❷「4級」を選択し，以下の利用コードを入力

jfxegd ※すべて半角アルファベット小文字

特典内容

音声ファイルダウンロード

「音声データダウンロード」からファイルをダウンロードし，展開してからオーディオプレーヤーで再生してください。音声ファイルはzip形式にまとめられた形でダウンロードされます。展開後，デジタルオーディオプレーヤーなどで再生してください。

※音声の再生にはMP3を再生できる機器などが必要です。
※ご利用機器，音声再生ソフトなどに関する技術的なご質問は，ハードメーカーまたはソフトメーカーにお願いいたします。

スピーキングテスト対策

スピーキングテストの予想問題が体験できます。画面と音声の指示に従い，受験者になったつもりで音読したり，面接委員の質問に答えたりしましょう。問題は巻末に収録されている予想問題で，p.92の二次元コードを読み込むことでもアクセスできます。

自動採点サービスについて

本書収録の筆記試験・リスニングテストを，採点・見直し学習アプリ「学びの友」で簡単に自動採点することができます。

☐ 便利な自動採点機能で学習結果がすぐにわかる
☐ 学習履歴から間違えた問題を抽出して解き直しができる
☐ 学習記録カレンダーで自分のがんばりを可視化

❶「学びの友」公式サイトへアクセス(右の二次元コードから読み込めます)

https://manatomo.obunsha.co.jp 　学びの友 　検索

❷アプリを起動後，「旺文社まなびID」に会員登録（無料）
❸アプリ内のライブラリより本書を選び，「追加」ボタンをタップ

※iOS／Android端末，Webブラウザよりご利用いただけます。アプリの動作環境については「学びの友」公式サイトをご参照ください。なお，本アプリは無料でご利用いただけます。
※詳しいご利用方法は「学びの友」公式サイト，あるいはアプリ内ヘルプをご参照ください。
※本サービスは予告なく終了することがあります。

英検４級の試験形式と攻略法

筆記試験（35分）

1 短文の語句空所補充　| 目標時間10分 | 15問

短文または会話文中の空所に，文脈に合う適切な語句を補います。単語が7問，熟語が5問，文法が3問出題されます。

(6)　**A:** Which (　　　　) do you want?
　　　B: I'd like to sit near the window.
　　　1 hotel　　　**2** stadium　　　**3** seat　　　**4** hall

> **攻略法**　【単語】問題文の内容を正確につかみ，空所にどのような意味の語が入るかを予測してから選択肢を見ます。【熟語】問題文を理解するとともに，空所の前後に出ている語句とのつながりに注意して選択肢を見ます。【文法】選択肢全体を見渡すことで，何がポイントになっているのかをいち早くつかむことが大切です。

2 会話文の文空所補充　| 目標時間5分 | 5問

会話文の空所に，会話の流れに合う適切な文や語句を補います。日常会話でよく使われる表現が問われます。

(16)　　　**Son:** Hi, Mom. (　　　　)
　Mother: It's beef stew.　Your favorite.
　　　Son: Wow, I can't wait!
　　　1 Where will we eat dinner?　　　**2** How did you go to the restaurant?
　　　3 What's for dinner today?　　　**4** Why did you make curry?

> **攻略法**　登場人物の会話の場面を頭の中に思い浮かべます。どのような発話をするか，または相手にどのように反応すると自然な会話の流れになるかを考えましょう。

3 日本文付き短文の語句整序 | 目標時間**5分** | **5問**

日本文の意味に合うように，与えられた①〜⑤までの語（句）を並べかえて文を完成させ，2番目と4番目にくる組み合わせの番号を答えます。

(22) トムはロボットのように踊るのが得意です。
(① dancing ② good ③ is ④ like ⑤ at)

Tom ☐ ☐[2番目] ☐ ☐[4番目] ☐ a robot.

1 ①—③   **2** ⑤—④   **3** ③—②   **4** ②—①

攻略法 完成させる英文にはいくつかの形があります。【肯定文】〈主語＋動詞〉に続く語句に注意して語順を決めます。【疑問文】特にWhatなどの疑問詞などに注意します。一般動詞やbe動詞に応じて語順に慣れておくことが重要です。【その他】助動詞，否定文，比較，動詞を中心とした熟語などにも注意して，日本文に合うように語順を決めます。

4 長文の内容一致選択 | 目標時間**15分** | **10問**

3種類の英文（[A] 掲示・予定表，[B] Eメールまたは手紙，[C] 長文）を読んで，内容に関する質問に答えたり，内容に合うように文を完成させたりします。

Book Fair at Bays High School

We will sell old books for 100 yen each.
Bring your friends!
Date: November 21
Time: 3:00 p.m. – 5:00 p.m.
Place: School library
The library will use the money
from the old books to buy new books.
For more information,
go to the school office or talk to Ms. Smith.

(27) The library will use the money
1 to clean the school.
2 to get new books.
3 to get a present for Ms. Smith.
4 to build a school office.

攻略法 Day 6のまとめ（60・61ページ）に4A〜4Cの攻略法があります。

リスニングテスト（約**30分**）

第1部 会話の応答文選択 | 放送回数**2回** | **10問**

イラストを見ながら会話を聞き，会話の最後の発話に対する応答として最も適切なものを放送される選択肢から選びます。

No. 4

★：How was your school trip?

☆：I really enjoyed it.

★：Can I see the pictures?

1 Great. Have a good time.

2 Sure. Here you are.

3 OK. See you then.

問題冊子 **放送文**

攻略法　Day 2のまとめ（20ページ）にリスニング第1部の攻略法があります。

第2部　会話の内容一致選択　　放送回数2回 ｜ 10問

会話を聞き，内容に関する質問の答えを選択肢から選びます。質問は会話の内容の一部
を問うものが中心で，話題や話者がいる場所が聞かれることもあります。

問題冊子 **放送文**

No. 20

1 One.　　**2** Two.

3 Three.　**4** Four.

☆：Hi, Jack. It's me. Can you go shopping
　 for some fruit?

★：Hi, Mom. What should I buy?

☆：Three apples, two oranges, and a lemon.

★：All right.

Question: How many apples will Jack buy?

攻略法　Day 2のまとめ（21ページ）にリスニング第2部の攻略法があります。

第3部　文の内容一致選択　　放送回数2回 ｜ 10問

短い英文を聞き，内容に関する質問の答えを選択肢から選びます。英文の内容は登場人
物に起きた出来事やこれからの予定，公共施設でのアナウンスなどです。

問題冊子 **放送文**

No. 21

1 Join a baseball team.

2 Go to the city stadium.

3 Go to school.

4 Watch a baseball game on TV.

Amy is on the school baseball team. She hit
a homerun in today's game, so she was very
happy.　She'll have a game at the city
stadium next Sunday.

Question: What will Amy do next Sunday?

攻略法　Day 2のまとめ（21ページ）にリスニング第3部の攻略法があります。

スピーキングテスト（約4分）

スピーキングテストについては，92ページの『4級のスピーキングテストはどんなテス
ト？』で内容を確認しましょう。

Day 1

よく出る単語をマスターしよう！

中学中級程度の単語が出題されています。
それぞれの単語の意味を理解するのはもちろん，
動詞の過去形も確認しておきましょう。
覚えた単語は□にチェックを入れていきましょう。

☑ よく出る単語をチェック

1 名詞

□ airplane	飛行機		□ message	メッセージ
□ company	会社		□ price	値段
□ dream	夢		□ problem	問題
□ festival	フェスティバル		□ program	（テレビなどの）番組
□ hobby	趣味		□ stadium	スタジアム，競技場
□ holiday	休日		□ subject	教科
□ hometown	故郷		□ subway	地下鉄
□ information	情報		□ supermarket	スーパーマーケット
□ language	ことば，言語		□ toothbrush	歯ブラシ
□ member	仲間		□ volunteer	ボランティア

2 動詞

□ ask	～をたずねる		□ finish	～を終える
□ believe	～を信じる		□ fix	～を修理する
□ build	～を建てる		□ happen	～が起こる
□ carry	～を運ぶ		□ join	～に加わる
□ change	～を変える		□ lose	～をなくす
□ draw	～を描く		□ remember	～を覚えている
□ feel	～を感じる		□ sell	～を売る

☐ send	～を送る		☐ show	～を見せる，案内する
☐ share	～をいっしょに使う		☐ teach	～を教える

3 形容詞

☐ another	もう1つの		☐ interesting	おもしろい
☐ broken	壊れた		☐ popular	人気のある
☐ busy	忙しい		☐ professional	プロの
☐ careful	注意深い		☐ sick	病気の
☐ different	異なった		☐ special	特別な
☐ difficult	難しい		☐ thirsty	のどが渇いた
☐ exciting	わくわくさせるような		☐ tired	疲れた
☐ expensive	値段の高い		☐ useful	役に立つ
☐ free	自由な，無料の		☐ wonderful	すばらしい
☐ important	重要な		☐ wrong	間違った

4 副詞・その他

☐ ago	（今から）～前に		☐ once	1度
☐ already	すでに，もう		☐ so	だから
☐ always	いつも		☐ someday	いつか
☐ because	…なので		☐ soon	すぐに
☐ during	～の間に		☐ still	まだ
☐ hard	激しく，一生懸命に		☐ then	そのとき，それなら

5 不規則な動詞の過去形

原形	過去形		原形	過去形
buy　～を買う	bought		read　～を読む	read
find　～を見つける	found		ride　～に乗る	rode
go　行く	went		speak　～を話す	spoke
hear　～を聞く	heard		take　～を取る	took

Day 1
Day 2
Day 3
Day 4
Day 5
Day 6
Day 7

筆記試験

試験時間 筆記35分

1　次の(1)から(15)までの(　　　)に入れるのに最も適切なものを**1**，**2**，**3**，**4**の中から一つ選び，その番号のマーク欄をぬりつぶしなさい。

---

(1) **A:** I need to take some money out. What should I do?
B: Well, there's a (　　　) over there.
1 bank　　　　**2** park　　　　**3** street　　　　**4** river

(2) James likes basketball. He wants to be a (　　　) basketball player in the future.
1 wide　　　　**2** same　　　　**3** tired　　　　**4** professional

(3) **A:** How many times a day do you (　　　) your teeth?
B: Three times.
1 drive　　　　**2** smile　　　　**3** leave　　　　**4** brush

(4) **A:** That picture (　　　) the wall is very nice.
B: Yes. It's quite famous.
1 for　　　　**2** on　　　　**3** after　　　　**4** before

(5) Mr. Yamada is a good cook. He often makes his (　　　) salad for his family.
1 special　　　　**2** rainy　　　　**3** young　　　　**4** hungry

(6) **A:** Which (　　　) do you want?
B: I'd like to sit near the window.
1 hotel　　　　**2** stadium　　　　**3** seat　　　　**4** hall

(7) **A:** How many (　　　) are there on the basketball team?
B: 15 boys and 20 girls.
1 buildings　　　　**2** tickets　　　　**3** sports　　　　**4** members

(8) Brad (　　　) up buying the video game because it was too expensive.

1 made **2** kept **3** caught **4** gave

(9) *A:* Did you clean your room, Jeremy?
B: I'm going to do it (　　　) now, Mom.

1 for **2** by **3** right **4** only

(10) *A:* Say (　　　) to your parents for me when you get home.
B: OK, I will.

1 place **2** story **3** answer **4** hello

(11) *A:* I'm going to start jogging every morning.
B: Great. That'll be really (　　　) for you.

1 dark **2** late **3** good **4** kind

(12) Takeshi got a letter from his grandmother, and he (　　　) back to her soon after.

1 helped **2** met **3** waited **4** wrote

(13) *A:* I called you at around 8 o'clock last night.
B: Sorry. I was (　　　).

1 sleeping **2** slept **3** sleep **4** sleeps

(14) *A:* (　　　) does your father do, Tomoko?
B: He's a doctor. He works at a hospital in Tokyo.

1 When **2** Who **3** What **4** Where

(15) George woke up late this morning, so he (　　　) have breakfast. Now, he's very hungry.

1 isn't **2** wasn't **3** didn't **4** don't

Day
1
Day
2
Day
3
Day
4
Day
5
Day
6
Day
7

次の *(16)* から *(20)* までの会話について，（　　　　）に入れるのに最も適切なものを **1**，**2**，**3**，**4** の中から一つ選び，その番号のマーク欄をぬりつぶしなさい。

---

(16)　　　*Son:* Hi, Mom. （　　　　）

　　Mother: It's beef stew.　Your favorite.

　　　　Son: Wow, I can't wait!

1 Where will we eat dinner?

2 How did you go to the restaurant?

3 What's for dinner today?

4 Why did you make curry?

(17)　*Student:* Can you give me some more time to finish the math problem?

　Teacher: （　　　　）

1 We like it.　　**2** All right.　　**3** Yes, we did.　　**4** Next week.

(18)　*Woman:* How about going to Okinawa this summer?

　　　Man: （　　　　） I want to try diving there.

1 That's a good idea.　　　　**2** I don't have one.

3 Not at all.　　　　　　　　**4** This is for you.

(19)　*Girl:* Is this your new bag?

　Boy: Yes. （　　　　）

　Girl: It looks very nice.　I like the color.

1 What do you have in it?　　**2** When did you know that?

3 Where did you buy that?　　**4** How do you like it?

(20)　　　*Wife:* Anthony!　I called your name three times, but （　　　　） What are you doing?

　Husband: Sorry, Allison.　I am listening to music.

1 I don't like rock music.　　**2** you didn't play the guitar.

3 you didn't answer.　　　　　**4** I couldn't write your name.

3

次の *(21)* から *(25)* までの日本文の意味を表すように①から⑤までを並べかえて □ の中に入れなさい。そして，2番目と4番目にくるものの最も適切な組合せを **1**，**2**，**3**，**4** の中から一つ選び，その番号のマーク欄をぬりつぶしなさい。※ただし，(　　　) の中では，文のはじめにくる語も小文字になっています。

---

(21) あなたは私たちの新しい制服をどう思いますか。
（ ① do　② of　③ think　④ you　⑤ our ）

What □ □(2番目) □ □(4番目) □ new school uniforms?

1 ②－③　　**2** ⑤－①　　**3** ③－④　　**4** ④－②

(22) トムはロボットのように踊るのが得意です。
（ ① dancing　② good　③ is　④ like　⑤ at ）

Tom □ □(2番目) □ □(4番目) □ a robot.

1 ①－③　　**2** ⑤－④　　**3** ③－②　　**4** ②－①

(23) 私は7時までに家に帰らなければなりません。
（ ① to　② by　③ have　④ home　⑤ be ）

I □ □(2番目) □ □(4番目) □ seven o'clock.

1 ⑤－①　　**2** ①－④　　**3** ①－②　　**4** ⑤－④

(24) あなたのパスポートを見せていただけますか。
（ ① your　② show　③ could　④ me　⑤ you ）

□ □(2番目) □ □(4番目) □ passport?

1 ④－③　　**2** ②－⑤　　**3** ⑤－④　　**4** ①－③

(25) あなたの家族の中で，だれがいちばん早く起きますか。
（ ① the earliest　② gets up　③ who　④ your　⑤ in ）

□ □(2番目) □ □(4番目) □ family?

1 ②－⑤　　**2** ③－⑤　　**3** ④－①　　**4** ①－④

次の掲示の内容に関して, *(26)* と *(27)* の質問に対する答えとして最も適切なもの, または文を完成させるのに最も適切なものを **1**, **2**, **3**, **4** の中から一つ選び, その番号のマーク欄をぬりつぶしなさい。

Clean School Project

We need volunteers!

We will clean our school on July 21st.

Schedule for cleaning

Time	Place
10:00 ～ 12:00	Gym
13:30 ～ 16:00	Library
16:30 ～ 18:00	School ground

- At the library, you can get old books for free.
  - Please bring your own lunch.

Ask Mr. Carter if you want more information.

(26) When will the students start cleaning the school grounds?
1 10:00.
2 13:30.
3 16:30.
4 18:00.

(27) At the library, students
1 have to buy books.
2 can get old books.
3 can have lunch.
4 have to read magazines.

Day 1
Day 2
Day 3
Day 4
Day 5
Day 6
Day 7

From: Dustin Anderson
To: Harry Collins
Date: February 10
Subject: Thank you!

....

Hi Harry,

Thank you for helping me with my homework yesterday. You are good at math. Can I ask you a question? Are you interested in basketball? My father got tickets for a professional basketball game. Do you want to go with us? The game is next Saturday. It starts at 7:00 p.m. and will end at around 10 p.m. I hope you can go with us.

See you,

Dustin

From: Harry Collins
To: Dustin Anderson
Date: February 10
Subject: I want to go!

....

Hi Dustin,

I love basketball! I often watch it on TV. I have piano lessons on Saturdays, but I can change the day of the lesson, so I can go with you next Saturday. I'm very excited about it.

See you at school,

Harry

(28) What did Harry do yesterday?
- **1** He bought a ticket for a basketball game.
- **2** He helped Dustin with his homework.
- **3** He watched a basketball game.
- **4** He played basketball in the gym.

(29) What time will the game end?
- **1** At around 7 p.m.
- **2** At around 8 p.m.
- **3** At around 9 p.m.
- **4** At around 10 p.m.

(30) On Saturdays, Harry usually
- **1** studies math.
- **2** goes to the stadium.
- **3** takes piano lessons.
- **4** reads a book.

Day 1
Day 2
Day 3
Day 4
Day 5
Day 6
Day 7

4

C

次の英文の内容に関して，*(31)* から *(35)* までの質問に対する答えとして最も適切なもの，または文を完成させるのに最も適切なものを **1**, **2**, **3**, **4** の中から一つ選び，その番号のマーク欄をぬりつぶしなさい。

Jennifer's Dream

Jennifer likes painting. She often paints pictures in her room. Her uncle, John, is an artist and lives in Paris. Sometimes, she talks with him on the phone. She likes him very much because he knows a lot of things about art and teaches her about it.

Last summer, Jennifer went on a trip to Paris with her parents to visit John. He took her to a few museums in Paris and she enjoyed seeing all the famous paintings there. He also took her to a few art schools. There were many students from all over the world there.

After her trip to Paris, Jennifer said to her parents, "I want to live in Paris in the future," and she began to study art. Now, she goes to a painting class on Saturdays, and on Sundays, she goes to a French class. She is going to go to an art school in Paris to become an artist like John someday.

(31) Jennifer likes to
    1 talk with her parents in the kitchen.
    2 meet her friends in the park.
    3 read books about art in the library.
    4 paint pictures in her room.

(32) Why does Jennifer like John?
    1 He talks to her about France.
    2 He teaches her about art.
    3 He is good at painting.
    4 He often sends e-mails to her.

(33) Who took Jennifer to Paris last summer?
    1 John.
    2 John's parents.
    3 Her friends.
    4 Her parents.

(34) What did Jennifer see at the art schools in Paris?
    1 A lot of famous paintings.
    2 French art teachers.
    3 Students from all over the world.
    4 Many tourists from America.

(35) What does Jennifer do on Saturdays now?
    1 Take pictures.
    2 Study French.
    3 Go to a painting class.
    4 Visit her uncle.

Day 1
Day 2
Day 3
Day 4
Day 5
Day 6
Day 7

イラストと4つの選択肢にも集中しよう!

リスニングテストでは，限られた時間の中で流れてくる英文を聞き取らなければなりません。問題冊子に印刷されているイラストや4つの選択肢から問題の内容を推測することがとても重要です。

☑ リスニングテストの攻略法

1 第1部：イラストから対話の内容と解答を推測する

登場人物：男の子と女の子　　場所：教室
場面：男の子は少し困っている様子で女の子のほうを見ている。
→「どうしたの？」という質問から男の子が困っている理由を話す流れになると推測できます。
【解答へのヒント】男の子が述べた理由に対して，女の子は「どうぞ〜してください」と，相手を助けることばをかけることになります。

対話文 ★：Oh, no!
　　　☆：What's the problem, Julian?
　　　★：I can't find my eraser.
　　　☆：Please use mine.

登場人物：店員（女性）と客（男の子）
場所：お店　　場面：男の子が注文をしている様子。
→店頭の様子から，店員のMay I help you?，Would you like 〜?や客のI'd like 〜.やI want 〜.の表現が使われると推測できます。
【解答へのヒント】店頭での話は世界中どこでも同じです。ここでは，「他に何かほしいですか」に対して，「ハンバーガーといっしょに飲むジュース」を注文する場面です。

対話文 ☆：Hello.
　　　★：Hello. I'd like a hamburger.
　　　☆：OK. Would you like anything else?
　　　★：I'd also like an orange juice.

2 第2部・第3部①：動作・場所から質問文を推測する

■選択肢が動詞で始まっている場合

1 Go to the library.	**2** Talk with his mother.
3 Come to Cindy's house.	**4** Call Cindy again.

→質問文は，What ～ do?などになる可能性が高いです。また，選択肢が動詞で始まる場合，英文内で「したいこと」を表すwant to ～や「予定」を表すbe going to ～の形が使われることが多いので，それらの語句が聞こえてきたらその後の動詞を注意して聞いてみましょう。

■選択肢が場所の場合

1 At school.	**2** At her house.
3 At Tom's house.	**4** At the museum.

→質問文は，Where「どこ」で始まる可能性が高いので，場所を表す語句に注意して聞きましょう。4つの選択肢の違いにも注意しておきましょう。

3 第2部・第3部②：人名・数から質問文を推測する

■選択肢が人の場合

1 His parents.	**2** Ben.
3 Ben's friend.	**4** His sister.

→質問文は，Who「だれ」で始まる可能性が高いので，1回目は，登場人物がだれであるかを聞き取りましょう。2回目はその登場人物の動作や様子などに注意して聞きましょう。

■選択肢が数の場合

1 One.	**2** Two.	**3** Three.	**4** Six.

→質問文は，How many ～?「いくつの～」となる可能性が高いので，登場する数に注意して聞きましょう。その他，選択肢にtwo days[weeks]などの「期間」を表す語句が並んでいる場合はHow long ～?「どのくらいの期間～」，twice a weekなどの「頻度」を表す語句が並んでいる場合はHow often ～?「どのくらいの頻度で～」になることが多いです。

Day 1
Day 2
Day 3
Day 4
Day 5
Day 6
Day 7

リスニングテスト

試験時間 | リスニング約30分

Listening Test

4級リスニングテストについて

❶このテストには，第1部から第3部まであります。

> 英文は二度放送されます。

第1部	イラストを参考にしながら対話と応答を聞き，最も適切な応答を**1**，**2**，**3**の中から一つ選びなさい。
第2部	対話と質問を聞き，その答えとして最も適切なものを**1**，**2**，**3**，**4**の中から一つ選びなさい。
第3部	英文と質問を聞き，その答えとして最も適切なものを**1**，**2**，**3**，**4**の中から一つ選びなさい。

❷No. 30のあと，10秒すると試験終了の合図がありますので，筆記用具を置いてください。

第1部　🔊 001～011

No. 1

No. 2

No. 3

No. 4

No. 5

No. 6

No. 7

No. 8

No. 9

No. 10

Day 1

Day 2

Day 3

Day 4

Day 5

Day 6

Day 7

No. 11	**1** Six days.	**2** Seven days.	**3** Eight days.	**4** Ten days.

No. 12　**1** He forgot to buy his hat.　　**2** He can't buy a desk.
　　　　3 He can't find his hat.　　　**4** His hat isn't large.

No. 13　**1** Do her homework.
　　　　2 Go to the teachers' room.
　　　　3 Eat lunch with Mr. Anderson.
　　　　4 Take Mr. Anderson's class.

No. 14　**1** Meeting her friend.　　**2** Singing.
　　　　3 Writing a letter.　　　**4** Listening to the radio.

No. 15　**1** He can go to the concert.　**2** He can play the guitar.
　　　　3 He'll join the band.　　　**4** He'll meet his friend.

No. 16　**1** Beth's.　　　　　　**2** Beth's sister's.
　　　　3 Oliver's.　　　　　**4** Oliver's brother's.

No. 17　**1** In his bag.　　　　**2** On the desk.
　　　　3 On the bookshelf.　　**4** At the library.

No. 18　**1** Daniel.　　　　　**2** Daniel's mother.
　　　　3 Jessica's father.　　**4** Jessica's brother.

No. 19　**1** The boy's favorite player.　**2** The boy's hobby.
　　　　3 The girl's favorite team.　**4** The girl's teammate.

No. 20	**1** One.	**2** Two.	**3** Three.	**4** Four.

No. 21	**1** Join a baseball team.	**2** Go to the city stadium.
	3 Go to school.	**4** Watch a baseball game on TV.

No. 22	**1** Over 10 minutes.	**2** Over 20 minutes.
	3 Over 30 minutes.	**4** Over 60 minutes.

No. 23	**1** Go out with her parents.	**2** Buy some food.
	3 Cook dinner for her brother.	**4** Eat spaghetti at a restaurant.

No. 24 **1** A pilot. **2** A doctor. **3** A teacher. **4** A taxi driver.

No. 25 **1** At 1:00. **2** At 2:00. **3** At 5:00. **4** At 8:00.

No. 26	**1** To a restaurant.	**2** To a museum.
	3 To his friend's house.	**4** To his school.

No. 27
1 He didn't play in the game.
2 He couldn't join the team.
3 His team didn't win.
4 His teammates didn't play well.

No. 28 **1** One. **2** Two. **3** Three. **4** Four.

No. 29	**1** A white one.	**2** A black one.
	3 A blue one.	**4** A gray one.

No. 30	**1** His math teacher.	**2** His favorite subject.
	3 A basketball team.	**4** His classmate.

Day 3

よく出る熟語をマスターしよう！

熟語は，基本的な語を組み合わせて作られています。
筆記試験だけではなく，リスニングテストやスピーキングテストにも出てきますので，積極的に覚えていきましょう。

☑ よく出る熟語をチェック

1 動詞が中心となる熟語

☐ arrive at[in] ～	～に着く
☐ become friends with ～	～と友だちになる
☐ come back（from ～）	（～から）戻る
☐ don't have to ～	～する必要はない
☐ feel better	体調がさらによい
☐ get off ～（at ...）	（…で）～を降りる
☐ give up ～ing	～することをあきらめる，やめる
☐ go and buy[get] ～	～を買いに行く
☐ have no idea	知らない，わからない
☐ help＋人＋with ～	（人）の～を手伝う
☐ leave[start] for ～	～に向けて出発する
☐ move to ～	～に引っ越す
☐ play catch with ～	～とキャッチボールをする
☐ say hello to ～	～によろしくと伝える
☐ take off ～	～を脱ぐ
☐ take pictures of ～	～の写真を撮る
☐ turn on ～	（電気・テレビなど）をつける
☐ wait for ～	～を待つ
☐ write back to ～	～に返事を書く

2 形容詞が中心となる熟語

☐ be excited to 〜	〜して興奮している
☐ be good at 〜	〜が得意である
☐ be good for 〜	〜（の体）によい
☐ be late for 〜	〜に遅れる
☐ be popular among 〜	〜の間で人気のある
☐ be surprised at 〜	〜に驚く
☐ be worried about 〜	〜を心配している

3 時・数に関する熟語

☐ all day (long)	一日中
☐ be going to 〜	〜する予定である
☐ have a good time	楽しい時間を過ごす
☐ have no time to 〜	〜する時間がない
☐ in the afternoons	毎日午後には
☐ in the future	将来
☐ it takes ＋時間＋ from A to B	AからBまで行くのに〜（時間）かかる
☐ right now[away]	今すぐに
☐ This is my first visit to 〜.	私は〜に来るのはこれが初めてです。

4 その他の熟語

☐ all over the world	世界中で
☐ between A and B	AとBの間に
☐ Don't forget to 〜.	〜するのを忘れないで。
☐ for example	例えば
☐ How do you like 〜?	〜はどうですか。
☐ What do you think of 〜?	〜をどう思いますか。
☐ would like to 〜	〜したい

Day 1
Day 2
Day 3
Day 4
Day 5
Day 6
Day 7

筆記試験

試験時間 筆記35分

1　次の (1) から (15) までの (　　　) に入れるのに最も適切なものを **1**, **2**, **3**, **4** の中から一つ選び, その番号のマーク欄をぬりつぶしなさい。

---

(1)　　**A:** What do you usually eat for breakfast?

　　　　B: I usually eat some (　　　), but I sometimes have rice.

　　　　1 kitchen　　　**2** shopping　　　**3** money　　　**4** bread

(2)　　**A:** Are you (　　　) to go, Lisa?

　　　　B: Yes, I'll be right there.

　　　　1 fast　　　　**2** fine　　　　**3** long　　　　**4** ready

(3)　　**A:** We're going to have a party tomorrow.　Will you come and (　　　) us?

　　　　B: Sure.

　　　　1 know　　　　**2** join　　　　**3** tell　　　　**4** give

(4)　　Julian likes to watch TV, but he often reads the (　　　), too.

　　　　1 present　　　**2** newspaper　　**3** music　　　**4** movie

(5)　　Mike's car was (　　　) because it rained yesterday.　He washed it with his son today.

　　　　1 dirty　　　　**2** small　　　　**3** expensive　　**4** healthy

(6)　　**A:** Cathy, do you have any (　　　)?　I want to send this letter.

　　　　B: No, but I can go and get some for you in the afternoon.

　　　　1 phones　　　**2** stamps　　　**3** jobs　　　　**4** shoes

(7)　　**A:** You're speaking too fast.　Please speak more (　　　).

　　　　B: Oh, sorry.　I'll do that.

　　　　1 easily　　　**2** coldly　　　**3** slowly　　　**4** early

(8) I went to the museum yesterday by bus. I (   ) off at a bus stop near the museum.

1 got   **2** looked   **3** answered   **4** played

(9) *A:* Do you know the restaurant near the station?
B: Yes. It's (   ) for its delicious pizza.

1 cute   **2** famous   **3** angry   **4** little

(10) Kate loves this town, but she will (   ) to Tokyo next month.

1 stay   **2** put   **3** move   **4** catch

(11) *A:* What (   ) of Japanese food do you like, Mr. Smith?
B: I like tempura.

1 way   **2** color   **3** place   **4** kind

(12) *A:* When is our next basketball game?
B: I have no (   ). Please ask Mr. Reed.

1 trip   **2** size   **3** idea   **4** end

(13) *A:* Who (   ) you last night?
B: Cindy did.

1 call   **2** calling   **3** to call   **4** called

(14) Tomorrow is my daughter's birthday. I'm going to give (   ) a guitar.

1 them   **2** her   **3** its   **4** hers

(15) Olivia likes this old movie (   ) than that new one.

1 well   **2** best   **3** better   **4** good

Day 1
Day 2
Day 3
Day 4
Day 5
Day 6
Day 7

次の *(16)* から *(20)* までの会話について，(   ) に入れるのに最も適切なものを **1**，**2**，**3**，**4** の中から一つ選び，その番号のマーク欄をぬりつぶしなさい。

---

(16)　　　**Man:** You went skiing last month, right?　(   )
Woman: I couldn't ski very well, but it was a lot of fun.
1 Where are you going to go?
2 When did you go there?
3 What did you buy yesterday?
4 How was your trip?

(17)　　　**Son:** Would you pass me the salt, please?
Mother: (   )
1 Yes, let's.　　　　　　　　**2** Yes, it is.
3 Here you are.　　　　　　　**4** You're welcome.

(18)　**Mother:** How often does Jane write to you?
　　　　　Son: (   )
1 Once or twice a month.　　**2** Two weeks ago.
3 I'll write back soon.　　　　**4** For a few days.

(19)　**Daughter:** I'm going to go to the supermarket.　(   )
　　　　Mother: Can you get me some tomatoes?
Daughter: Sure, Mom.
1 Do you need anything?
2 Will you come with me?
3 Do you like tomatoes?
4 Did you try my spaghetti?

(20)　**Boy:** The TV program was really interesting.
Girl: (   )
1 No, thank you.
2 Yes.　I enjoyed it, too.
3 Yes, I did.
4 No.　It was yesterday.

3

次の **(21)** から **(25)** までの日本文の意味を表すように①から⑤までを並べかえて □ の中に入れなさい。そして、2番目と4番目にくるものの最も適切な組合せを **1**, **2**, **3**, **4** の中から一つ選び、その番号のマーク欄をぬりつぶしなさい。※ただし、( ) の中では、文のはじめにくる語も小文字になっています。

---

(21) あなたは弟さんの宿題を手伝ってあげましたか。
(① with ② help ③ did ④ your brother ⑤ you)

	2番目		4番目	
					his

homework?

1 ④—③   **2** ⑤—④   **3** ②—⑤   **4** ⑤—②

(22) 私は京都に来るのはこれが初めてです。
(① to ② is ③ first visit ④ Kyoto ⑤ my)

This | | 2番目 | | 4番目 | | .

1 ①—②   **2** ④—②   **3** ⑤—①   **4** ③—④

(23) 私は昨夜宿題をする時間がまったくありませんでした。
(① do ② to ③ my homework ④ no ⑤ time)

I had | | 2番目 | | 4番目 | | last

night.

1 ⑤—③   **2** ②—⑤   **3** ③—①   **4** ⑤—①

(24) この動物園にサルは何匹いますか。
(① monkeys ② this zoo ③ does ④ many ⑤ have)

How | | 2番目 | | 4番目 | | ?

1 ③—⑤   **2** ①—②   **3** ②—①   **4** ④—⑤

(25) 英語を話すことは私にとって簡単ではありません。
(① isn't ② for ③ English ④ easy ⑤ speaking)

| | 2番目 | | 4番目 | | me.

1 ④—③   **2** ①—⑤   **3** ③—④   **4** ⑤—②

次の掲示の内容に関して，*(26)* と *(27)* の質問に対する答えとして最も適切なもの，または文を完成させるのに最も適切なものを**1**, **2**, **3**, **4**の中から一つ選び，その番号のマーク欄をぬりつぶしなさい。

Book Fair at Bays High School

We will sell old books for 100 yen each.

Bring your friends!

Date: November 21

Time: 3:00 p.m. – 5:00 p.m.

Place: School library

The library will use the money

from the old books to buy new books.

For more information,

go to the school office or talk to Ms. Smith.

---

(26) Where will the book fair be?

1 At Ms. Smith's house.

2 At the school library.

3 At the school office.

4 At the cafeteria.

(27) The library will use the money

1 to clean the school.

2 to get new books.

3 to get a present for Ms. Smith.

4 to build a school office.

Day **1**

Day **2**

Day **3**

Day **4**

Day **5**

Day **6**

Day **7**

次のＥメールの内容に関して，*(28)* から *(30)* までの質問に対する答えとして最も適切なものを **1**，**2**，**3**，**4** の中から一つ選び，その番号のマーク欄をぬりつぶしなさい。

From: Jane Smith
To: Lucy Wilson
Date: March 6
Subject: Visiting Mary

....

Hello Lucy,

Did you hear about Mary? She is in the hospital. Her mother called me yesterday. Mary has a broken leg, but she is doing very well. I'm going to visit her in the hospital after school tomorrow. Do you want to come with me? I'll bring a card to school tomorrow. Everyone can write her a message in it.

Bye,

Jane

From: Lucy Wilson
To: Jane Smith
Date: March 6
Subject: Good idea

....

Hi Jane,

I don't have tennis practice tomorrow, so I can visit Mary with you. Bringing a card is a good idea. Also, I want to bring her some flowers. Let's go to the flower shop before we go to the hospital. I'll bring some money to school.

See you,

Lucy

(28) Where is Mary now?

1 At school.

2 In the hospital.

3 At Lucy's house.

4 At Jane's house.

(29) What does Jane want to do after school tomorrow?

1 Buy a card.

2 Study with Lucy.

3 Visit Mary.

4 Draw some pictures of flowers.

(30) What is Lucy going to bring to school tomorrow?

1 A card.

2 A tennis racket.

3 Some flowers.

4 Some money.

Day
1

Day
2

Day
3

Day
4

Day
5

Day
6

Day
7

4

C

次の英文の内容に関して，*(31)*から*(35)*までの質問に対する答えとして最も適切なもの，または文を完成させるのに最も適切なものを**1**，**2**，**3**，**4**の中から一つ選び，その番号のマーク欄をぬりつぶしなさい。

Mari's First Thanksgiving*

Mari is a junior high school student. She lives in Tokyo with her parents and an older brother and a sister. Her grandfather is American and her grandmother is Japanese.

Last November, Mari went to Chicago to stay with her grandparents for a week. When Mari arrived at the airport, her grandfather was waiting for her. He smiled and said, "Welcome to Chicago!" Mari was surprised because the airport was very busy. Many people were traveling because it was the day before the Thanksgiving holiday.

The next day, Mari and her grandparents had a big Thanksgiving Day dinner. There was a lot of food. Mari's grandfather gave her a big piece of meat. It was turkey.* "It's delicious!" said Mari. During her trip, Mari also went shopping at a special sale for Thanksgiving. She bought a T-shirt for her father, a book for her mother, a basketball for her brother, and a CD for her sister. Mari liked Thanksgiving very much and wants to enjoy a nice dinner on Thanksgiving in Japan someday.

* Thanksgiving: 感謝祭（米国の祝日で，11月の第4木曜日）
* turkey: 七面鳥

(31) How many people live with Mari?

   1 One.

   2 Two.

   3 Three.

   4 Four.

(32) What did Mari do last November?

   1 She taught her grandmother Japanese.

   2 She visited her grandparents.

   3 She met her friend in Chicago.

   4 She studied English for a week.

(33) Why was Mari surprised at the airport?

   1 There were many people there.

   2 Her grandfather was there.

   3 It was her first visit to Chicago.

   4 People didn't know about Thanksgiving.

(34) What did Mari do on Thanksgiving?

   1 She made a lot of food.

   2 She read a book.

   3 She bought a lot of food.

   4 She ate some meat at a special dinner.

(35) Mari bought

   1 a T-shirt for her brother.

   2 a bag for her mother.

   3 a basketball for her friend.

   4 a CD for her sister.

筆記試験

Day 1

Day 2

Day 3

Day 4

Day 5

Day 6

Day 7

会話表現は筆記試験・リスニングテストにも重要!

会話表現はリスニングだけでなく筆記問題でも登場するので，1つでも多く覚えておきましょう。

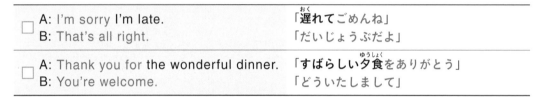

☑ 重要会話表現

1 おわびや感謝の表現と答え方

☐ A: I'm sorry I'm late. B: That's all right.	「遅れてごめんね」 「だいじょうぶだよ」
☐ A: Thank you for the wonderful dinner. B: You're welcome.	「すばらしい夕食をありがとう」 「どういたしまして」

2 依頼の表現と答え方

☐ A: Can you wash the dishes? B: Just a minute. I'm writing an e-mail.	「お皿を洗ってくれない？」 「ちょっと待って。Eメールを書いているから」
☐ A: Could you tell me the way to the station? B: Sure.	「駅までの道を教えていただけませんか」 「いいですよ」
☐ A: It's hot. Will you open the window? B: All right.	「暑いね。窓を開けてくれない？」 「わかった」
☐ A: Please call me tomorrow night. B: OK. I will.	「明日の晩，私に電話をしてください」 「わかりました。そうします」

3 許可を求める表現と答え方

☐ A: Can I use your dictionary? B: Sorry, I'm using it now.	「君の辞書を使ってもいい？」 「悪いけど，今使っているの」
☐ A: May I have another cup of tea? B: Of course.	「もう一杯お茶をもらっていいですか」 「もちろんいいですよ」

4 勧誘や相手の意向をたずねる表現と答え方

☐ A: Let's go shopping this afternoon. B: OK.	「今日の午後，買い物に行こうよ」 「いいわよ」
☐ A: Shall we go on a picnic this weekend? B: That's a good idea.	「今週末，ピクニックに行かない？」 「いい考えだね」
☐ A: Do you want to go to a movie tomorrow? B: I'd like to, but I have to do my homework.	「明日映画を見に行かない？」 「そうしたいんだけど，宿題をやらなくちゃいけないんだ」
☐ A: How about playing tennis this weekend? B: Sounds great.	「今週末にテニスをするのはどう？」 「いいわね」

5 電話での会話

☐ A: Hello. May I speak to Mr. Brown? B: Just a moment, please.	「もしもし。ブラウンさんをお願いできますか」 「少々お待ちください」
☐ A: Hi. Can I talk to Jim? B: Who's speaking, please?	「もしもし。ジムをお願いできますか」 「どちら様ですか」
☐ A: Hello. This is Ken. Is Tom there? B: I'm sorry, but he's out now.	「もしもし。ケンです。トムはいますか」 「すみませんが，今外出しています」

6 疑問詞を含む疑問文と答え方

☐ A: What is your favorite color? B: I like green.	「あなたのいちばん好きな色は何？」 「緑が好きだね」
☐ A: When did you go to France? B: Three years ago.	「いつフランスに行ったの？」 「3年前だよ」
☐ A: Where did you get the camera? B: At the store near the station.	「どこでそのカメラを手に入れたの？」 「駅の近くにあるお店でだよ」
☐ A: Which bike is yours? B: The blue one.	「どちらの自転車があなたのなの？」 「青いのだよ」
☐ A: Why are you going to go shopping? B: Because I need a bag for the trip.	「どうして買い物に行くの？」 「旅行用のかばんが必要だからだよ」
☐ A: How did you come here? B: By train and bus.	「どうやってここへ来たの？」 「電車とバスでだよ」

Day 1
Day 2
Day 3
Day 4
Day 5
Day 6
Day 7

リスニングテスト

試験時間	リスニング約**30**分

Listening Test

4級リスニングテストについて

❶このテストには，第1部から第3部まであります。

> 英文は二度放送されます。

第1部	イラストを参考にしながら対話と応答を聞き，最も適切な応答を**1**, **2**, **3**の中から一つ選びなさい。
第2部	対話と質問を聞き，その答えとして最も適切なものを**1**, **2**, **3**, **4**の中から一つ選びなさい。
第3部	英文と質問を聞き，その答えとして最も適切なものを**1**, **2**, **3**, **4**の中から一つ選びなさい。

❷No. 30のあと，10秒すると試験終了の合図がありますので，筆記用具を置いてください。

第1部　◀)) 034〜044

No. 1

No. 2

No. 3

No. 4

No. 5

No. 6

No. 7

No. 8

No. 9

No. 10

リスニングテスト

Day 1
Day 2
Day 3
Day 4
Day 5
Day 6
Day 7

No. 11 **1** 2 hours.　　**2** 3 hours.　　**3** 4 hours.　　**4** 5 hours.

No. 12 **1** Study for tests.
2 Visit her uncle's house.
3 Eat dinner with her family.
4 Go shopping with her father.

No. 13 **1** Curry.　　　　　　　**2** Beef stew.
3 White stew.　　　　　**4** Tomato soup.

No. 14 **1** Sam's teacher.　　　**2** Sam's brother.
3 Sam's friend.　　　　**4** Sam's father.

No. 15 **1** On the third floor.　　**2** On the fourth floor.
3 On the fifth floor.　　**4** On the sixth floor.

No. 16 **1** He had a bad cold.　　**2** He got a bad grade.
3 He didn't take his tests.　　**4** He didn't study at home.

No. 17 **1** She can't watch TV.　　**2** She is sick.
3 Her computer is broken.　　**4** Ted broke her computer.

No. 18 **1** Tony's father's.　　　**2** Tony's mother's.
3 Mr. Jackson's.　　　　**4** Ms. Lee's.

No. 19 **1** The boy's vacation.　　**2** Their favorite seasons.
3 Winter sports.　　　　**4** The girl's favorite band.

No. 20 **1** Ten.　　**2** Eleven.　　**3** Twelve.　　**4** Twenty.

No. 21	**1** A teacher.	**2** A nurse.
	3 A waiter.	**4** A police officer.

No. 22　**1** Cook some potatoes.
　　　　2 Do her science homework.
　　　　3 Eat vegetables for lunch.
　　　　4 Bring some vegetables to class.

No. 23	**1** A museum.	**2** A library.
	3 A college.	**4** A science club.

No. 24	**1** In her room.	**2** In the garden.
	3 In the kitchen.	**4** In her parents' room.

No. 25	**1** He could study science.	**2** He could eat cookies.
	3 He could make cookies.	**4** He could take a test.

No. 26	**1** 8.	**2** 12.	**3** 15.　　**4** 20.

No. 27	**1** Emi's brother.	**2** Emi's grandparents.
	3 Emi's cousin.	**4** Emi's classmate.

No. 28	**1** Pizza.	**2** Lemon pie.
	3 A cheeseburger.	**4** Steak.

No. 29	**1** One week.	**2** Two weeks.
	3 Three weeks.	**4** One month.

No. 30	**1** At a movie theater.	**2** At a school.
	3 At a post office.	**4** At a supermarket.

Day 5

文法はすべての問題を解くカギだ！

文法は英文を正しく理解するのに必要ですので，しっかりと形と意味を把握しておきましょう。

☑ 覚えておきたい文法事項

1 疑問文・否定文の作り方

	be動詞（am / is / are）の文	一般動詞の文
疑問文	〈be動詞＋主語 ～?〉 Is this your new bike? 「これはあなたの新しい自転車ですか」 Are you from Canada? 「あなたはカナダ出身ですか」	〈Do / Does ＋主語＋動詞 ～?〉 Do you want something to eat? 「何か食べたいですか」 Does she work in Tokyo? 「彼女は東京で仕事をしているのですか」
否定文	〈be動詞 ＋ not ～〉 I'm not a good cook. 「私は料理がじょうずではありません」 The book is not [isn't] interesting. 「その本はおもしろくないです」	〈do / does ＋ not ＋動詞 ～〉 I don't like math. 「私は数学が好きではありません」 John doesn't have any pets. 「ジョンは何もペットを飼っていません」

2 過去の文の表し方

① be動詞の過去形：am / is ⇒ was，are ⇒ were

Sally was absent from school yesterday.「サリーは昨日学校を休みました」
We were at Michael's house last night.「私たちは昨晩マイケルの家にいました」

② 一般動詞の過去形：

[規則変化をする動詞]　　パターン1：watch–watched　　パターン2：invite–invited
　　　　　　　　　　　　パターン3：study–studied　　パターン4：stop–stopped

I played tennis with Jim last Saturday.
「私は先週の土曜日，ジムとテニスをしました」

[不規則変化をする動詞]（例）have–had，write–wrote

My father bought me a computer on my birthday.
「父が誕生日に私にコンピューターを買ってくれました」

44

③ 過去進行形（〜していた）：〈主語＋ was / were ＋〜ing〉

My mother was making dinner when I got home.

「私が帰宅したとき，母は夕食を作っていました」

3 代名詞の変化

	〜は，〜が	〜の	〜を，〜に	〜のもの
私	I	my	me	mine
私たち	we	our	us	ours
あなた（たち）	you	your	you	yours
彼	he	his	him	his
彼女	she	her	her	hers
それ	it	its	it	
彼［彼女／それ］ら	they	their	them	theirs

4 不定詞と動名詞の形と意味

① 不定詞：〈to ＋ 動詞の原形〉

・「〜すること」： I want to be a teacher. 「私は先生になりたい（なることを希望する）」

・「〜するために」： Ted went to the post office to buy some stamps.
「テッドは切手を買うために郵便局に行きました」

・「〜するための」： I want something to drink. 「私は何か飲み（飲むための）物がほしい」

・「〜して」： Mary was excited to hear the news.
「メアリーはそのニュースを聞いてわくわくしました」

② 動名詞：〈動詞の原形 ＋ 〜ing〉

・「〜すること」： I like watching baseball games. 「私は野球の試合を見るのが好きです」

5 比較の文の作り方

①「〜より…」 → 形容詞・副詞の比較級

Bob can run faster than his father. 「ボブは彼のお父さんより速く走ることができます」

②「（〜の中で）いちばん…」 → 形容詞・副詞の最上級

Bob can run the fastest in his family. 「ボブは家族の中でいちばん速く走ることができます」

③「〜と同じくらい…」 → 〈as ＋形容詞・副詞の原級 ＋ as 〜〉

Bob can run as fast as Ken. 「ボブはケンと同じくらい速く走ることができます」

Day 1
Day 2
Day 3
Day 4
Day 5
Day 6
Day 7

筆記試験&リスニングテスト

試験時間 筆記35分 | リスニング約30分

1 次の(1)から(15)までの( )に入れるのに最も適切なものを**1**, **2**, **3**, **4**の中から一つ選び, その番号のマーク欄をぬりつぶしなさい。

---

(1) My brother likes taking photos. He always (   ) his camera with him.

1 watches　　**2** carries　　**3** cuts　　**4** draws

(2) I think the man is (   ) because he has houses in three countries.

1 rich　　**2** tall　　**3** hungry　　**4** sad

(3) *A:* What are you going to do during the Christmas (   )?
B: I'm going to go to Canada with my family.

1 presents　　**2** holidays　　**3** dinners　　**4** churches

(4) *A:* I want to call Bill. Do you know his phone (   )?
B: Yes, I do.

1 answer　　**2** place　　**3** number　　**4** house

(5) *A:* Do you want to eat a little more, Tom?
B: No, thanks. I'm (   ).

1 wrong　　**2** famous　　**3** pretty　　**4** full

(6) *A:* What is your favorite (   ) at school, Dean?
B: I like math the best.

1 question　　**2** subject　　**3** room　　**4** idea

(7) *A:* When did you come back from America?
B: Three years (   ).

1 away　　**2** on　　**3** late　　**4** ago

(8)   **A:** Shall I wash the dishes?

        B: No, you don't (　　　　) to. Just relax.

        1 say   **2** have   **3** change   **4** use

(9)   **A:** Excuse me. I'd like a T-shirt.

        B: How about this one? It is (　　　　) among young people.

        1 popular   **2** strong   **3** simple   **4** different

(10)   **A:** That girl (　　　　) like Pete. Is she his sister?

        B: Yes, she is.

        1 looks   **2** comes   **3** hopes   **4** goes

(11)   Last year, Makoto traveled to Paris. He liked the city very much and hopes to live there in the (　　　　).

        1 world   **2** future   **3** hour   **4** way

(12)   **A:** You can't (　　　　) pictures of these posters here.

        B: Oh, I'm sorry. I didn't know that.

        1 take   **2** join   **3** turn   **4** call

(13)   Please (　　　　) quiet, everyone. Listen to me carefully.

        1 am   **2** is   **3** be   **4** are

(14)   **A:** Excuse me. Is (　　　　) a post office near here?

        B: Yes. You can see it from here.

        1 these   **2** there   **3** they   **4** those

(15)   My father often watches TV, but my brother and I (　　　　) watch it very often.

        1 wasn't   **2** don't   **3** doesn't   **4** aren't

2

次の*(16)*から*(20)*までの会話について，(　　　) に入れるのに最も適切なものを**1**，**2**，**3**，**4**の中から一つ選び，その番号のマーク欄をぬりつぶしなさい。

---

(16)　　**Boy:** Hello. This is James. Is Tom at home now?

Woman: No, he isn't. (　　　)

　　Boy: That's OK. I'll call him again later.

1 Can I wait here?

2 May I take a message?

3 How about this Saturday?

4 Will you go back home?

(17)　**Boy:** I forgot to bring my dictionary. May I use yours, Sarah?

Girl: (　　　)

1 Right. I'll buy one.　　　　**2** Sure. Go ahead.

3 That's all.　　　　　　　　**4** Maybe so.

(18)　　**Man:** How's your cold?

Woman: I had a fever last night, but (　　　)

1 I became sick.

2 I didn't know that.

3 I'm feeling better now.

4 I'll call you tomorrow.

(19)　**Girl:** Bill, you didn't come to the club meeting yesterday.

　　　　(　　　)

Boy: I had to write a report for science class.

1 When did it start?

2 How did you go there?

3 Where are you going?

4 What happened?

(20)　**Woman:** Tom, we'll be late for the concert!

　　Man: (　　　) I'm looking for my keys.

1 It's on the table.　　　　**2** Hurry up.

3 It's exciting.　　　　　　**4** Just a minute.

3

次の *(21)* から *(25)* までの日本文の意味を表すように①から⑤までを並べかえて ☐ の中に入れなさい。そして，2番目と4番目にくるものの最も適切な組合せを**1**，**2**，**3**，**4**の中から一つ選び，その番号のマーク欄をぬりつぶしなさい。※ただし，（　　　）の中では，文のはじめにくる語も小文字になっています。

Day 1
Day 2
Day 3
Day 4
Day 5
Day 6
Day 7

(21) マサトはスピーチコンテストで自分の夢について話しました。
（ ① his ② talked ③ in ④ about ⑤ dream ）

Masato ☐ ☐(2番目) ☐ ☐(4番目) ☐ the speech contest.

1 ②－①　　　**2** ④－⑤　　　**3** ③－④　　　**4** ②－③

(22) 私たちの市には行くべき場所がたくさんあります。
（ ① places ② many ③ go ④ to ⑤ are ）

There ☐ ☐(2番目) ☐ ☐(4番目) ☐ in our city.

1 ②－④　　　**2** ③－②　　　**3** ⑤－④　　　**4** ①－③

(23) テッドの両親は彼に飛行機に関する本をあげました。
（ ① about ② a ③ gave ④ him ⑤ book ）

Ted's parents ☐ ☐(2番目) ☐ ☐(4番目)

☐ airplanes.

1 ②－①　　　**2** ③－①　　　**3** ④－⑤　　　**4** ⑤－③

(24) 空港行きのバスはどれですか。
（ ① to ② which ③ the ④ bus ⑤ goes ）

☐ ☐(2番目) ☐ ☐(4番目) ☐ airport?

1 ④－①　　　**2** ②－⑤　　　**3** ③－②　　　**4** ⑤－④

(25) 午前中は激しく雨が降っていました。
（ ① hard ② in ③ was ④ the ⑤ raining ）

It ☐ ☐(2番目) ☐ ☐(4番目) ☐ morning.

1 ①－⑤　　　**2** ①－③　　　**3** ⑤－②　　　**4** ⑤－④

4

A

次の掲示の内容に関して，*(26)* と *(27)* の質問に対する答えとして最も適切なもの，または文を完成させるのに最も適切なものを**1**, **2**, **3**, **4**の中から一つ選び，その番号のマーク欄をぬりつぶしなさい。

Plymouth Art Museum

Ticket Prices	
Adult	Child
19 – 65 years old $8.00	13 – 18 years old $4.00
Over 65 — $2.00	Under 13 — Free

The museum is open from 10:00 a.m. to 6:00 p.m.,
Monday through Saturday.
It's closed on Sundays.
Visitors can buy food and drinks
at the restaurant in the museum.
Thank you.

(26) How much is a ticket for a 14-year-old student?
  1 Free.
  2 Two dollars.
  3 Four dollars.
  4 Eight dollars.

(27) In the museum, people can
  1 get some food and drinks.
  2 buy postcards.
  3 eat after 6 p.m.
  4 paint a picture.

Day 1
Day 2
Day 3
Day 4
Day 5
Day 6
Day 7

次のEメールの内容に関して，*(28)* から *(30)* までの質問に対する答えとして最も適切なもの，または文を完成させるのに最も適切なものを**1**，**2**，**3**，**4**の中から一つ選び，その番号のマーク欄をぬりつぶしなさい。

From: Jake Simpson
To: Akira Ishida
Date: August 19
Subject: This weekend

···

Hi Akira,

My uncle called me yesterday from Canada. He'll come to Japan next Wednesday on business. He has to work in Tokyo until Friday, but on the weekend, he will come to Osaka to see me. He'll stay at my house. We're going to see a baseball game on Saturday and go to Osaka Castle* on Sunday afternoon. Do you want to come with us?

Bye,

Jake

From: Akira Ishida
To: Jake Simpson
Date: August 19
Subject: My schedule

···

Hi Jake,

Thanks for your e-mail. I really want to meet your uncle. I have soccer practice on Saturday, so I can't go with you to the baseball game, but I'm free on Sunday. I'll go to your house at 1:00 p.m.

See you,

Akira

---

* Osaka Castle: 大阪城

(28) Where does Jake's uncle live?

    1 In Canada.

    2 In America.

    3 In Tokyo.

    4 In Osaka.

(29) What will Jake's uncle do first in Japan?

    1 He will play in a baseball game.

    2 He will work in Tokyo.

    3 He will call Akira.

    4 He will meet Jake's friend.

(30) Akira will go to Jake's house

    1 on Saturday morning.

    2 on Saturday afternoon.

    3 on Sunday morning.

    4 on Sunday afternoon.

Day 1
Day 2
Day 3
Day 4
Day 5
Day 6
Day 7

4
C

次の英文の内容に関して，*(31)* から *(35)* までの質問に対する答えとして最も適切なもの，または文を完成させるのに最も適切なものを**1**，**2**，**3**，**4**の中から一つ選び，その番号のマーク欄をぬりつぶしなさい。

Makoto's Homestay

Makoto is a junior high school student in Japan. In January last year, he went to Australia to stay with Mr. Johnson's family for a week. Mr. Johnson is his father's friend. Mr. and Mrs. Johnson have a daughter, Amy. Amy is also a junior high school student.

One morning, Amy asked, "Makoto, do you want to go to the zoo?" Makoto answered, "Yes. I like animals." So, Amy and Makoto took the bus to the zoo that afternoon. Makoto was surprised because the zoo was much bigger than the one near his house in Japan. There were many kinds of animals there. Makoto stood next to a koala, and Amy took his picture.

Then, Amy asked Makoto, "Do you know about the emu?" "No," said Makoto. Amy said, "It's a big bird, but it can't fly. Let's go to see the emu." Makoto thought the animals in Australia were very interesting. He wants to go to Australia again in the future to study them.

(31) Last year, Makoto stayed in Australia for
1 three days.
2 five days.
3 seven days.
4 ten days.

(32) Who is Amy?
1 A student at Makoto's school.
2 Mr. and Mrs. Johnson's daughter.
3 An English teacher.
4 Mr. Johnson's friend.

(33) Why was Makoto surprised at the zoo?
1 It was near Amy's house.
2 Koalas and kangaroos were very popular.
3 It was bigger than the zoo near his house.
4 Many Japanese tourists visited the zoo.

(34) What did Amy do at the zoo?
1 She took a picture of Makoto and a koala.
2 She asked Makoto about the zoo near his house.
3 She stood next to a koala.
4 She learned about many kinds of birds.

(35) What does Makoto want to do in the future?
1 Work in the zoo.
2 Invite Amy to his house.
3 Visit many new zoos.
4 Learn about animals in Australia.

Day 1
Day 2
Day 3
Day 4
Day 5
Day 6
Day 7

Listening Test

4級リスニングテストについて

❶このテストには，第1部から第3部まであります。

英文は二度放送されます。

第1部	イラストを参考にしながら対話と応答を聞き，最も適切な応答を**1**, **2**, **3**の中から一つ選びなさい。
第2部	対話と質問を聞き，その答えとして最も適切なものを**1**, **2**, **3**, **4**の中から一つ選びなさい。
第3部	英文と質問を聞き，その答えとして最も適切なものを**1**, **2**, **3**, **4**の中から一つ選びなさい。

❷No. 30のあと，10秒すると試験終了の合図がありますので，筆記用具を置いてください。

第*1*部 🔊067～077

No. 1

No. 2

No. 3

No. 4

No. 5

No. 6

Day 1
Day 2
Day 3
Day 4
Day 5
Day 6
Day 7

No. 7

No. 8

No. 9

No. 10

No. 11　**1** The boy's trip.
　　　　2 The girl's pet.
　　　　3 The animals in their school.
　　　　4 Their favorite animals.

No. 12　**1** Tim's brother.　　　**2** Tim's father.
　　　　3 Bill.　　　　　　　**4** Bill's mother.

No. 13　**1** Go to the library.　　**2** Eat dinner.
　　　　3 Take a math class.　　**4** Read a book.

No. 14　**1** She can't buy a CD.
　　　　2 She doesn't have her own camera.
　　　　3 Her camera is broken.
　　　　4 Her father's camera is old.

No. 15　**1** To a restaurant.　　　**2** To a department store.
　　　　3 To her dance lesson.　**4** To a bookstore.

No. 16　**1** He's getting up.　　　**2** He's sleeping.
　　　　3 He's walking.　　　　**4** He's eating.

No. 17　**1** He visited a house.　　**2** He walked fast.
　　　　3 He carried his bike.　　**4** He ran to school.

No. 18　**1** Mr. Wilson's.　　　　**2** Ms. Taylor's.
　　　　3 Mr. Martin's.　　　　**4** Ms. Lewis's.

No. 19　**1** One.　　**2** Two.　　**3** Three.　　**4** Four.

No. 20　**1** Science.　**2** History.　**3** Math.　**4** Art.

No. 21　**1** Play in a concert.　**2** Listen to music.
　　　　　3 Join a band.　**4** Practice the piano.

No. 22　**1** At a police station.　**2** At a festival.
　　　　　3 At a school.　**4** At a train station.

No. 23　**1** For three years.　**2** For four years.
　　　　　3 For five years.　**4** For six years.

No. 24　**1** Chocolate cake.　**2** Cheese pizza.
　　　　　3 Tomato salad.　**4** Spaghetti.

No. 25　**1** Sports.　**2** Food.
　　　　　3 Movies.　**4** TV programs.

No. 26　**1** Mariko's mother.　**2** Mariko's sister.
　　　　　3 Mariko's friend.　**4** Mariko's father.

No. 27　**1** She played softball very well.
　　　　　2 She watched a softball game on TV.
　　　　　3 The game finished in the morning.
　　　　　4 Her team won the game.

No. 28　**1** A cat.　**2** A magazine.
　　　　　3 A birthday cake.　**4** A toy.

No. 29　**1** One.　**2** Two.　**3** Three.　**4** Six.

No. 30　**1** A movie.　**2** A news program.
　　　　　3 A soccer game.　**4** A drama.

Day 6

読解問題の特徴をしっかりつかんでおこう！

筆記の読解問題（大問4A～C）では，それぞれおさえるべきポイントがあります。これらのポイントをあらかじめ知っておくと，速く情報を得ることができます。

☑ 読解問題の攻略法

1 掲示・案内の問題（4A）

掲示や案内の問題では，前半部分に場所や時間などの情報が載っていることが多く，その部分が問題になりやすいです。まずは「いつ」「どこで」をすばやく把握しましょう。

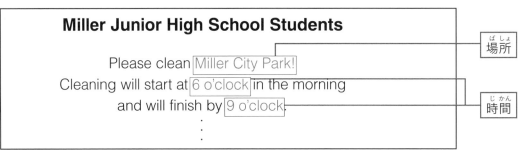

最初の1～2行で何の掲示［案内］なのかを把握し，その後，場所や時間を確認します。後半にはたいてい具体的な内容が記されています。

2 Eメールの問題（4B）

Eメールの問題では最初に差出人・受取人・件名が載っているので，まずはその部分をしっかり把握しましょう。

```
From: Jake Simpson      ── 差出人
To: Akira Ishida         ── 受取人
Date: August 19
Subject: This weekend    ── 件名
...............................................
Hi Akira,
    :
    :
```

FromとToから，「だれからだれへのメールなのか」を把握し，Subject「件名」から内容を推測しましょう。ここではThis weekendという件名なので，今週末に行うことなどが書かれていると推測できます。

3 体験談や説明文の問題（4C）

体験談や説明文の問題では，質問文の中のキーワードを問題文の中からすばやく見つけることがポイントです。多くの場合，質問の順番とその質問を解くのに必要な内容が問題文内に登場する順番は同じです。

A Birthday Cake

Hitomi is 15 years old and in junior high school. Every day after school, she goes to the elementary school to take her sister, Maki, home. Their parents work at the store, so Hitomi and Maki often play video games or listen to music together at home in the evening.

On May 6th, Maki said, "Today is my birthday! Can you buy me a cake?" Hitomi didn't have any money. So, she said, "Let's make a cake together." Maki liked the idea.

When Hitomi and Maki got home, they looked at a cookbook and wanted to make a special chocolate cake. They started making the cake at five o'clock, and finished it at seven o'clock.

Their parents came home from work at eight o'clock. Their mother said, "What a beautiful cake!" They had a present for Maki. It was a CD player. Their mother and father gave Hitomi and Maki some strawberries, too. The girls put them on the cake. Maki was happy.

◎キーワードとなるのは，時を表す語句や動詞などです。

(31) What does Hitomi do first after school?

→ after school に Hitomi がすることを探しましょう。

(32) Whose birthday is on May 6th?

→ 問題文の on May 6th 周辺をしっかり読んでみましょう。

(33) What did Hitomi and Maki do before making the cake?

→ before なので，ケーキを作る前の行動を確認しましょう。

(34) Hitomi and Maki finished making the chocolate cake

→ 問題文の finished 周辺をしっかり読んでみましょう。

(35) What did Hitomi and Maki's parents give the two girls?

→ 問題文に登場する gave 周辺をしっかり読んでみましょう。

Day 1
Day 2
Day 3
Day 4
Day 5
Day 6
Day 7

筆記試験＆リスニングテスト

試験時間 | **筆記35分** | **リスニング約30分**

1　次の *(1)* から *(15)* までの（　　　）に入れるのに最も適切なものを **1**，**2**，**3**，**4** の中から一つ選び，その番号のマーク欄をぬりつぶしなさい。

---

(1)　Mari went back to her (　　　), Sendai, last week.　She saw her old friends there.
　1 hobby　　　　　**2** ticket　　　　　**3** hometown　　**4** travel

(2)　*A:* Are you and Kenji on the (　　　) soccer team?
　　　B: Yes.　We're teammates.
　1 quick　　　　　**2** same　　　　　**3** angry　　　　**4** slow

(3)　*A:* I can't (　　　) that man's name.　Do you know him?
　　　B: Yes.　That's Mr. John Brown.
　1 save　　　　　**2** remember　　**3** teach　　　　**4** think

(4)　*A:* What are your (　　　) for winter vacation?
　　　B: I'm going to go skiing in Hokkaido with my friends.
　1 plans　　　　　**2** buildings　　**3** maps　　　　**4** reports

(5)　*A:* Please help me!　This box is too (　　　) for me.
　　　B: Sure.
　1 heavy　　　　　**2** safe　　　　　**3** fine　　　　**4** popular

(6)　*A:* How will we go to the amusement park?
　　　B: We should take the (　　　).
　1 meeting　　　　**2** subway　　　**3** tower　　　　**4** library

(7)　*A:* Mom, may I go out to play tennis with Fred?
　　　B: You have to finish your homework (　　　) going out.
　1 to　　　　　　**2** by　　　　　　**3** before　　　　**4** till

(8)   It (   ) one hour from my house to the museum by train.

     1 takes   **2** tells   **3** throws   **4** speaks

(9)   Jack is interested (   ) Japanese history.

     1 in   **2** for   **3** by   **4** at

(10)   Koji will (   ) for Japan tomorrow, so today is his last day in the U.S.

     1 help   **2** sleep   **3** find   **4** leave

(11)   *A:* Let's meet (   ) front of the station at three.

     B: OK.

     1 to   **2** in   **3** for   **4** at

(12)   *A:* It's getting dark. Could you (   ) on the light?

     B: Sure.

     1 write   **2** turn   **3** give   **4** make

(13)   *A:* Dad, I'm going to go to the library.

     B: OK, but you need (   ) home before dark.

     1 don't come   **2** came   **3** to come   **4** comes

(14)   (   ) be noisy here. A baby is sleeping in the next room.

     1 Won't   **2** Don't   **3** Aren't   **4** Can't

(15)   *A:* This is my room.

     B: Wow. Your room is much (   ) than mine.

     1 large   **2** larger   **3** largest   **4** the largest

Day 1
Day 2
Day 3
Day 4
Day 5
Day 6
Day 7

次の(16)から(20)までの会話について，(　　　　)に入れるのに最も適切なものを**1**，**2**，**3**，**4**の中から一つ選び，その番号のマーク欄をぬりつぶしなさい。

2

---

(16) **Girl 1:** There is a new café near the station. (　　　　)

  Girl 2: Yes. I want to eat cheesecake.

  1 May I help you?

  2 Can I use your pencil?

  3 Did you go to the movies?

  4 Shall we go there?

(17) **Woman:** Excuse me. Is there a convenience store near here?

  Man: Yes. (　　　　)

  1 It's cheap.　　　　　　**2** It's on the next corner.

  3 I like it very much.　　**4** I'm fine.

(18) **Boy:** What time does the basketball game start?

  Girl: (　　　　) You should ask Fred.

  1 I can't go.　　　　　　**2** I'm not sure.

  3 It's interesting.　　　　**4** It's over there.

(19) **Boy:** (　　　　), Mandy?

  Girl: I usually walk, but when it rains, I take the bus.

  1 What time do you leave home

  2 Why will you be free tomorrow

  3 How do you go to school

  4 Where are you going

(20) **Woman:** Excuse me. (　　　　)

  Salesman: They're on the second floor.

  Woman: Thank you.

  1 You have many kinds of personal computers.

  2 I'm looking for a personal computer.

  3 These personal computers are very popular.

  4 I bought a personal computer here.

3

次の *(21)* から *(25)* までの日本文の意味を表すように①から⑤までを並べかえて □ の中に入れなさい。そして，2番目と4番目にくるものの最も適切な組合せを **1**，**2**，**3**，**4** の中から一つ選び，その番号のマーク欄をぬりつぶしなさい。※ただし，（　　　　）の中では，文のはじめにくる語も小文字になっています。

(21) 私は昨日の朝，釣りに行くため6時に起きました。
（ ① go　② at six　③ yesterday　④ to　⑤ fishing ）

I got up [　] [2番目　] [　] [4番目　] [　] morning.

1 ⑤―①　　**2** ③―②　　**3** ④―⑤　　**4** ①―③

(22) 日本での生活はいかがですか。
（ ① you　② do　③ your　④ how　⑤ like ）

[　] [2番目　] [　] [4番目　] [　] life in Japan?

1 ④―①　　**2** ③―⑤　　**3** ⑤―②　　**4** ②―⑤

(23) 私の故障した自転車を修理できますか。
（ ① my　② you　③ broken bike　④ fix　⑤ can ）

[　] [2番目　] [　] [4番目　] [　] ?

1 ④―①　　**2** ①―⑤　　**3** ⑤―②　　**4** ②―①

(24) 彼らは今，日本で最も有名なバンドのひとつです。
（ ① one　② bands　③ of　④ famous　⑤ the most ）

They are [　] [2番目　] [　] [4番目　] [　] in Japan right now.

1 ③―④　　**2** ②―⑤　　**3** ①―②　　**4** ⑤―④

(25) 私の趣味は外国の切手を集めることです。
（ ① foreign　② is　③ hobby　④ stamps　⑤ collecting ）

My [　] [2番目　] [　] [4番目　] [　] .

1 ④―②　　**2** ②―①　　**3** ②―⑤　　**4** ①―③

次の掲示の内容に関して，*(26)* と *(27)* の質問に対する答えとして最も適切なもの，または文を完成させるのに最も適切なものを **1**, **2**, **3**, **4** の中から一つ選び，その番号のマーク欄をぬりつぶしなさい。

Sale at G-Mart!

Today at G-Mart, we are selling pens, paper,
and notebooks for half price.
There are many colors and sizes.
Only today!

If you can't find something, please ask a shop clerk.
We are ready to help!

To get to G-Mart, take the No. 5 bus from
Bluebird Station and get off at the third stop.

(26) What is this notice about?

   1 A new shop.

   2 A special sale.

   3 A book about G-Mart.

   4 A colorful bus at the station.

(27) At Bluebird Station, people can

   1 buy cheap notebooks.

   2 sell old pens.

   3 get on a bus for G-Mart.

   4 get information about G-Mart.

Day 1
Day 2
Day 3
Day 4
Day 5
Day 6
Day 7

4 **B** 次のEメールの内容に関して，*(28)* から *(30)* までの質問に対する答えとして最も適切なものを **1**，**2**，**3**，**4** の中から一つ選び，その番号のマーク欄をぬりつぶしなさい。

From: Yuko Suzuki
To: Eric Shade
Date: January 10
Subject: My piano concert

. . . .

Hello Eric,

What are you going to do this Sunday? My little sister Sayaka and I will play in a piano concert on Sunday afternoon. It's at the hall by the station. Sayaka plays at 1 p.m., and I play at 3 p.m. I have two tickets for the concert. Do you and your brother want to come? I can meet you on Saturday and give you the tickets then.

Bye,
Yuko

From: Eric Shade
To: Yuko Suzuki
Date: January 10
Subject: Re: My piano concert

. . . .

Hi Yuko,

Thank you for asking. My brother, Tom, and I want to go to your concert. He has soccer practice on Sunday morning, so we'll be at the hall at 12:30. I'll go to your house on Saturday afternoon to get the tickets. Thank you.

See you,
Eric

(28) When will Yuko play the piano at the concert?
1 At noon.
2 At 1 p.m.
3 At 2 p.m.
4 At 3 p.m.

(29) What will Yuko do on Saturday?
1 Go to the hall by the station.
2 Play the piano at the concert.
3 Practice the piano with Eric's brother.
4 Give the tickets to Eric.

(30) What will Tom do before going to the hall?
1 He'll have a piano lesson.
2 He'll practice soccer.
3 He'll meet Yuko and Sayaka.
4 He'll buy the tickets for the concert.

Day 1
Day 2
Day 3
Day 4
Day 5
Day 6
Day 7

次の英文の内容に関して，*(31)* から *(35)* までの質問に対する答えとして最も適切なもの，または文を完成させるのに最も適切なものを **1**，**2**，**3**，**4** の中から一つ選び，その番号のマーク欄をぬりつぶしなさい。

A Birthday Cake

Hitomi is 15 years old and in junior high school. Every day after school, she goes to the elementary school to take her sister, Maki, home. Their parents work at the store, so Hitomi and Maki often play video games or listen to music together at home in the evening.

On May 6th, Maki said, "Today is my birthday! Can you buy me a cake?" Hitomi didn't have any money. So, she said, "Let's make a cake together." Maki liked the idea.

When Hitomi and Maki got home, they looked at a cookbook and wanted to make a special chocolate cake. They started making the cake at five o'clock, and finished it at seven o'clock.

Their parents came home from work at eight o'clock. Their mother said, "What a beautiful cake!" They had a present for Maki. It was a CD player. Their mother and father gave Hitomi and Maki some strawberries, too. The girls put them on the cake. Maki was happy.

(31) What does Hitomi do first after school?
- **1** Cook dinner.
- **2** Watch TV at home.
- **3** Take her sister home.
- **4** See her parents.

(32) Whose birthday is on May 6th?
- **1** Hitomi's.
- **2** Maki's.
- **3** Hitomi and Maki's mother's.
- **4** Hitomi and Maki's father's.

(33) What did Hitomi and Maki do before making the cake?
- **1** They looked at a cookbook.
- **2** They enjoyed playing basketball.
- **3** They bought a chocolate cake.
- **4** They waited for their parents at home.

(34) Hitomi and Maki finished making the chocolate cake
- **1** at five o'clock.
- **2** at six o'clock.
- **3** at seven o'clock.
- **4** at eight o'clock.

(35) What did Hitomi and Maki's parents give the two girls?
- **1** A CD player.
- **2** Some money.
- **3** A birthday cake.
- **4** Some strawberries.

Day 1
Day 2
Day 3
Day 4
Day 5
Day 6
Day 7

Listening Test

❶このテストには，第1部から第3部まであります。

> 英文は二度放送されます。

第1部	イラストを参考にしながら対話と応答を聞き，最も適切な応答を**1**, **2**, **3**の中から一つ選びなさい。
第2部	対話と質問を聞き，その答えとして最も適切なものを**1**, **2**, **3**, **4**の中から一つ選びなさい。
第3部	英文と質問を聞き，その答えとして最も適切なものを**1**, **2**, **3**, **4**の中から一つ選びなさい。

❷No. 30のあと，10秒すると試験終了の合図がありますので，筆記用具を置いてください。

第1部 🔊 **100〜110**

No. 1

No. 2

72

No. 3

No. 4

No. 5

No. 6

No. 7

No. 8

No. 9

No. 10

Day 1
Day 2
Day 3
Day 4
Day 5
Day 6
Day 7

No. 11   **1** Plan a party.   **2** Go to Tom's birthday party.
   3 Make a birthday cake.   **4** Buy a birthday present.

No. 12   **1** At 9:15.   **2** At 9:25.   **3** At 9:30.   **4** At 9:40.

No. 13   **1** Go to the library.   **2** Talk with his mother.
   3 Come to Cindy's house.   **4** Call Cindy again.

No. 14   **1** At school.   **2** At her house.
   3 At Dan's house.   **4** At the museum.

No. 15   **1** Visit her hometown.   **2** Help Adam with his homework.
   3 Go home with Adam.   **4** Write her report.

No. 16   **1** Mary.   **2** Jake.
   3 Mary's father.   **4** Mary's brother.

No. 17   **1** He was late for school.   **2** He can't find his cap.
   3 He can't eat in the kitchen.   **4** He forgot his lunch at home.

No. 18   **1** Buying tickets for a baseball game.
   2 Their favorite baseball teams.
   3 Playing baseball together.
   4 Going to a baseball game.

No. 19   **1** She didn't like the color.
   2 It was too big for her.
   3 The store was closed.
   4 The store didn't have any T-shirts.

No. 20   **1** Come to the kitchen.   **2** Move the desk.
   3 Clean his room.   **4** Buy a new desk for her.

No. 21 **1** Books about food. **2** Books about animals.
3 Books about sports. **4** Books about buildings.

No. 22 **1** Tom. **2** Tom's sister.
3 Tom's father. **4** Tom's mother.

No. 23 **1** Practice music in the band. **2** Watch a concert.
3 Do her homework. **4** Go to her piano lesson.

No. 24 **1** Students from Singapore. **2** A new school in his town.
3 His stay in Singapore. **4** A TV show.

No. 25 **1** He was busy at the restaurant.
2 He went to a summer festival.
3 He couldn't eat lunch.
4 He went out with many friends.

No. 26 **1** He visited his family. **2** He played football.
3 He built a house. **4** He took many pictures.

No. 27 **1** From 11:00. **2** From 1:00.
3 From 2:00. **4** From 5:00.

No. 28 **1** He takes Judy to his bank.
2 He sends letters to Judy.
3 He meets Judy in London.
4 He makes a phone call to Judy.

No. 29 **1** This afternoon. **2** On Saturday morning.
3 On Saturday afternoon. **4** This Sunday.

No. 30 **1** Three. **2** Four. **3** Seven. **4** Ten.

総仕上げ！ 絶対合格のポイントはこれだ！

本番に向けて最後の仕上げをしましょう。

☑ 試験直前の対策

1 時間をはかって練習問題に取り組もう。

時間は，練習の段階から常に意識しておくことが大切です。各大問の解答にかける時間の目安を設定しておきましょう。筆記問題の場合は，長文問題の大問4 A，B，Cに自分はどれくらいの時間が必要であるかを考え，そこから逆算して大問1〜3にかけることができる時間の見当をつけておくという方法もあります。一通り解答が終わった後，不安だった問題を少しでも見直す時間が残っているとさらにいいですね。

2 マークシート式の解答用紙を使ってみよう。

英検では，「マークシート」に答えを記入します。塗りつぶす〇の番号を間違えたり，塗り方が不適切だったりすると，せっかく答えがわかっていても正解になりませんので注意しましょう。本書についている解答用紙を実際に使って，マークシート式の解答方法に慣れておき，本番の試験では，落ち着いて番号を確かめながら解答するように心がけましょう。

3 学習したことを何度も見直そう。

Day 1，3，4の単語，熟語，会話表現は，一度にすべてを覚えようとせず，少しずつ何度も見直すことで理解を深めましょう。Day 5の文法，Day 6の読解問題についても，何度も確認しておきましょう。

4 受験数日前は必ず英語を聞こう。

リスニングの力を向上させるには常に英語を聞いていることが重要です。実際の試験で英語が聞き取れないということにならないよう，少なくとも受験する数日前は4級レベルの英語を聞いて，耳を慣らしておきましょう。また，普段学校の授業では，連続して30分も英語を聞くことはあまりないでしょう。予想問題を通して，最後まで集中力を持続できるようにトレーニングしておきましょう。

5 身の回りのものや出来事を英語で表す練習をしておこう。

4級のスピーキングテストでは，身近な場面をテーマにした英文とイラストが扱われるため，普段から「いつ」「だれが」「何を」「どうした」という情報が入った英文を言う練習をしておくとよいでしょう。4級のスピーキングテストは，受験申込者全員が受けられます。

スピーキングテスト直前の流れとパソコン操作

スピーキングテストはコンピューター端末で受験します。スピーキングテスト直前までの流れを確認しておきましょう。コンピューター機器の操作に自信のない受験者は，試験開始の直前までは保護者などに手伝ってもらうことも可能です。

> スピーキングテスト専用のURLにアクセスし，本人確認票・個人成績表に記載されている英検IDとパスワードを入力してログインをします。

> 4級か5級を選ぶ画面で，どちらかを選び「受験する」をクリックすると，受験をするための確認が行われます。

> 通信環境や端末の確認，音声が正しく聞こえるか，録音ができるかどうかなどの確認が行われます。

> チェックが終わると，スピーキングテストの各画面の説明が始まります。

Day 1
Day 2
Day 3
Day 4
Day 5
Day 6
Day 7

筆記試験＆リスニングテスト

試験時間 筆記35分 ｜ リスニング約30分

1

次の *(1)* から *(15)* までの（　　　）に入れるのに最も適切なものを **1**，**2**，**3**，**4** の中から一つ選び，その番号のマーク欄をぬりつぶしなさい。

---

(1)　**A:** Do you study any foreign (　　　) at school, Tim?
　　　B: Yes. I'm studying French this year.
　　　1 information　**2** countries　　**3** languages　　**4** questions

(2)　Alice looked out the window because she heard a (　　　) sound outside.
　　　1 useful　　　　**2** free　　　　　**3** strange　　　**4** dark

(3)　**A:** Where is your cat, Randy?
　　　B: She's sleeping (　　　) the dining table.
　　　1 for　　　　　**2** under　　　　**3** with　　　　**4** of

(4)　**A:** What kind of TV (　　　) do you like?
　　　B: I like quiz shows.
　　　1 singers　　　**2** classes　　　**3** rocks　　　**4** programs

(5)　My cat is very small because she was (　　　) only one month ago.
　　　1 cloudy　　　**2** interesting　**3** born　　　**4** wide

(6)　The (　　　) of the writer's next book is *Your Old Trumpet*.
　　　1 size　　　　**2** comic　　　**3** library　　　**4** title

(7)　Ken (　　　) the window when he was playing catch with his brother.
　　　1 wrote　　　**2** broke　　　**3** ate　　　　**4** left

(8) *A:* What time does the plane (   ) at Narita Airport?

     B: At 4:30.

    1 hear   **2** arrive   **3** walk   **4** brush

(9) *A:* Did you study for the math test, Greg?

     B: Yes, but I'm still (   ) about it.

    1 worried   **2** difficult   **3** tired   **4** glad

(10) I'm going to go (   ) a picnic with my family next Saturday.

    1 in   **2** out   **3** with   **4** on

(11) Jeff likes many kinds of sports. For (   ), he plays soccer, baseball, and volleyball.

    1 one   **2** life   **3** example   **4** head

(12) My father (   ) a shower after he came home in the evening.

    1 gave   **2** went   **3** kept   **4** took

(13) Tom went to bed late last night because he had so many things (   ).

    1 do   **2** to do   **3** doing   **4** be doing

(14) *A:* Will Mr. and Mrs. Brown come to Japan tomorrow?

     B: Yes. I'm going to meet (   ) at the airport.

    1 they   **2** their   **3** them   **4** theirs

(15) We'll have a party tomorrow, but Michael (   ) come because he will have a soccer game.

    1 isn't   **2** don't   **3** didn't   **4** won't

筆記試験&リスニングテスト

Day 1
Day 2
Day 3
Day 4
Day 5
Day 6
Day 7

次の (16) から (20) までの会話について，(   ) に入れるのに最も適切なものを **1**，**2**，**3**，**4** の中から一つ選び，その番号のマーク欄をぬりつぶしなさい。

---

(16)   ***Son:*** Mom, (   )

Mother: OK, but before you go out, finish your homework.

1 are you still hungry?   **2** can I go to Sean's house?

3 what's the problem?   **4** how about this one?

(17)   ***Man:*** Shall we play tennis this afternoon?

Woman: (   )

1 Yes, let's.   **2** Yes, we do.

3 Thanks a lot.   **4** You're welcome.

(18)   ***Woman:*** Excuse me. I'd like to go to the city library. Where should I get off the bus?

   Man: (   )

1 By train.   **2** At the next stop.

3 It takes about five minutes.   **4** You should go there.

(19)   ***Girl:*** Jack, what should I give Jill for her birthday?

Boy: (   ) She likes listening to music.

1 Where are you going?

2 When is her birthday?

3 How about some CDs?

4 What did you buy for her?

(20)   ***Man:*** This is a nice T-shirt, but (   ) Do you have another color?

Salesclerk: Yes. We have red, blue, and yellow.

1 I have the same sweater.

2 I don't want a gray one.

3 you need to try this hat on.

4 you don't have to buy it.

3

次の*(21)*から*(25)*までの日本文の意味を表すように①から⑤までを並べかえて ☐ の中に入れなさい。そして，2番目と4番目にくるものの最も適切な組合せを**1**，**2**，**3**，**4**の中から一つ選び，その番号のマーク欄をぬりつぶしなさい。※ただし，（　　　）の中では，文のはじめにくる語も小文字になっています。

---

(21) パーティーは楽しかったですか。

（ ① at　② have　③ you　④ the party　⑤ a good time ）

Did ☐ ☐(2番目) ☐ ☐(4番目) ☐ ?

1 ③－⑤　　　**2** ②－①　　　**3** ⑤－④　　　**4** ①－⑤

(22) メアリーは動物についてたくさんのことを知っています。

（ ① of　② things　③ a lot　④ knows　⑤ about ）

Mary ☐ ☐(2番目) ☐ ☐(4番目) ☐ animals.

1 ④－③　　　**2** ②－⑤　　　**3** ⑤－①　　　**4** ③－②

(23) ミーティングに遅れてはいけませんよ，テリー。

（ ① must　② late　③ be　④ not　⑤ for ）

You ☐ ☐(2番目) ☐ ☐(4番目) ☐ the meeting, Terry.

1 ④－②　　　**2** ①－②　　　**3** ③－⑤　　　**4** ②－④

(24) あなたの妹さんはあなたと同じぐらいじょうずにピアノが弾けますね。

（ ① play　② sister　③ as well as　④ the piano　⑤ can ）

Your ☐ ☐(2番目) ☐ ☐(4番目) ☐ you.

1 ③－④　　　**2** ②－①　　　**3** ⑤－④　　　**4** ①－③

(25) 昨日の夜ケイコに電話をしたとき，彼女は家にいませんでした。

（ ① not　② home　③ when　④ was　⑤ at ）

Keiko ☐ ☐(2番目) ☐ ☐(4番目) ☐ I called her last night.

1 ②－⑤　　　**2** ③－④　　　**3** ⑤－③　　　**4** ①－②

Miller Junior High School Students

Please clean Miller City Park!
Cleaning will start at 6 o'clock in the morning
and will finish by 9 o'clock.

Volunteers will :
· Pick up cans and bottles
· Clean the pond
· Put leaves in bags

Volunteers will get a free juice box afterwards!
Please talk to Andy Jackson or Megan Rice
if you want to join.

(26) Who is this notice for?
   1 Megan Rice's friends.
   2 Andy Jackson's parents.
   3 Students at Miller Junior High School.
   4 Teachers at Miller Junior High School.

(27) What will the volunteers do?
   1 Swim in the pond.
   2 Plant trees.
   3 Buy some juice.
   4 Pick up cans and bottles.

Day 1
Day 2
Day 3
Day 4
Day 5
Day 6
Day 7

4

B

次のＥメールの内容に関して，*(28)* から *(30)* までの質問に対する答えとして最も適切なものを **1**，**2**，**3**，**4** の中から一つ選び，その番号のマーク欄をぬりつぶしなさい。

From: Midori Takahashi
To: Michelle Bell
Date: June 15
Subject: My brother's birthday
....

Hello Michelle,
This Sunday is my brother's birthday. He will be 11 years old. He likes to play soccer very much, so I want to get him a new soccer ball. I went to the mall near my house yesterday, but they didn't have any soccer balls. Do you know a nice sports store? And, if you're free, can you take me there?
See you,
Midori

From: Michelle Bell
To: Midori Takahashi
Date: June 15
Subject: A sports store
....

Hi Midori,
Thank you for your e-mail. There's a big department store in Louisville. I think you can buy a soccer ball there. It takes about 30 minutes to the store by bike but only 10 minutes by train. I can go with you this Saturday.
Bye,
Michelle

(28) Why did Midori go to the mall near her house?
    1 She wanted to meet her brother.
    2 She wanted to buy a present for her brother.
    3 The store in Louisville was closed.
    4 The store in Louisville didn't have any soccer balls.

(29) Where does Midori want to go?
    1 A soccer ground.
    2 A station in Louisville.
    3 A sports store.
    4 Michelle's birthday party.

(30) How long does it take to the store by bike?
    1 Ten minutes.
    2 Thirty minutes.
    3 Forty-five minutes.
    4 Sixty minutes.

Day 1
Day 2
Day 3
Day 4
Day 5
Day 6
Day 7

4 C 次の英文の内容に関して，*(31)* から *(35)* までの質問に対する答えとして最も適切なもの，または文を完成させるのに最も適切なものを **1**，**2**，**3**，**4** の中から一つ選び，その番号のマーク欄をぬりつぶしなさい。

Peter and Judo

Peter is 12 years old. Last year, he moved to Kobe from New York with his family because his father got a job there. It was his first time to live in another country. Peter couldn't speak Japanese, so he didn't have any friends at school.

One day, one of Peter's classmates, Kenta, asked him in English, "What do you usually do after school?" Peter answered, "I often play video games at home. How about you?" Kenta said, "I'm in the judo club. We practice every Monday, Wednesday, and Friday after school. Do you want to join us?" "Yes, I'd like to join your club," said Peter.

Peter started to practice judo. He became good at judo after six months. Just before the summer vacation, the coach said to Peter, "There will be a judo tournament* soon. You can be in it." Peter was excited to hear that. He practiced very hard and won three matches in the tournament. He had a lot of fun.

* tournament: 大会

(31) What did Peter's father do last year?
  1 He got a new job in New York.
  2 He moved to New York with his family.
  3 He started to work in Kobe.
  4 He taught Peter Japanese.

(32) At first, Peter didn't have any friends because
  1 he was very busy at school.
  2 he couldn't speak Japanese.
  3 he wasn't kind to his classmates.
  4 he liked staying at home.

(33) How often does the judo club have practice?
  1 Once a week.
  2 Twice a week.
  3 Three times a week.
  4 Every day.

(34) After half a year, Peter became
  1 good at speaking Japanese.
  2 a good member of the judo club.
  3 friends with all his classmates.
  4 good at playing video games.

(35) Why was Peter excited?
  1 The coach told him about a tournament.
  2 He made a new friend in his judo club.
  3 He practiced judo with his coach.
  4 He won five matches in the tournament.

Day 1
Day 2
Day 3
Day 4
Day 5
Day 6
Day 7

Listening Test

❶このテストには，第1部から第3部まであります。

英文は二度放送されます。

第1部	イラストを参考にしながら対話と応答を聞き，最も適切な応答を **1**, **2**, **3** の中から一つ選びなさい。
第2部	対話と質問を聞き，その答えとして最も適切なものを **1**, **2**, **3**, **4** の中から一つ選びなさい。
第3部	英文と質問を聞き，その答えとして最も適切なものを **1**, **2**, **3**, **4** の中から一つ選びなさい。

❷No. 30のあと，10秒すると試験終了の合図がありますので，筆記用具を置いてください。

第1部 ◀))133～143

No. 1

No. 2

No. 3

No. 4

No. 5

No. 6

No. 7

No. 8

No. 9

No. 10

筆記試験&リスニングテスト

Day 1
Day 2
Day 3
Day 4
Day 5
Day 6
Day 7

No. 11	**1** Play soccer.	**2** Buy a soccer ball.
	3 Go to the station.	**4** Go to see a soccer game.

No. 12	**1** By bike.	**2** By car.	**3** By bus.	**4** On foot.

No. 13	**1** Hiroshi's grandmother.	**2** Karen's trip to Yokohama.
	3 Karen's picture.	**4** Hiroshi's hobby.

No. 14	**1** After school.	**2** Tonight.
	3 On Saturday.	**4** On Sunday.

No. 15
1 She visited her grandparents.
2 She went to the library.
3 She wrote a report.
4 She watched a science film.

No. 16
1 Ask Ms. Green about the homework.
2 Study math in the library.
3 Clean the teachers' room.
4 Answer Ms. Green's question.

No. 17	**1** Sally.	**2** Sally's brother.
	3 Tom.	**4** Sally's friend.

No. 18	**1** Jenny's favorite restaurant.	**2** A cooking school.
	3 Matthew's birthday party.	**4** A present for Jenny.

No. 19	**1** Do his homework.	**2** Go to the park.
	3 Help his mother.	**4** Cook dinner.

No. 20	**1** He's going to school.	**2** He's looking for his cap.
	3 He's studying math.	**4** He's cooking in the kitchen.

No. 21 **1** She studied with her friend at the library.
2 She read a book about Okinawa.
3 She visited Okinawa with her family.
4 She ate at a restaurant.

No. 22 **1** Clean the park. **2** Cook at home.
3 Go to a pet shop. **4** Walk her dog.

No. 23 **1** Visit San Francisco. **2** Study English.
3 Cook Japanese food. **4** Teach Japanese.

No. 24 **1** One. **2** Two. **3** Three. **4** Six.

No. 25 **1** His parents. **2** Ben.
3 Ben's friend. **4** His sister.

No. 26 **1** A speech contest. **2** The English homework.
3 A new teacher. **4** The school gym.

No. 27 **1** To the mountains. **2** To the river.
3 To the lake. **4** To the sea.

No. 28 **1** She met her mother. **2** She played with her friends.
3 She cooked for her family. **4** She visited her friend.

No. 29 **1** At four. **2** At five. **3** At six. **4** At seven.

No. 30 **1** He went to the wrong place. **2** He lost his bag.
3 Susan was late. **4** Susan didn't look for him.

Day 1
Day 2
Day 3
Day 4
Day 5
Day 6
Day 7

4級のスピーキングテストはどんなテスト？

スピーキングテストでは，画面上に英文とイラストが提示され，それについての質問に答えます。
まずは問題を確認してから，解説を読みましょう。

スピーキングテスト
対策はこちら ▶ ▶ ▶

予想問題 🔊 166〜168

John's Favorite Animal

John likes lions the best. John often reads books about animals in his room. John will go to the zoo with his friend next Saturday.

Questions

No. 1 Please look at the passage. What does John often do in his room?

No. 2 When will John go to the zoo?

No. 3 Please look at the picture. What is the girl doing?

No. 4 Do you like animals?

Yes. → What animal do you like the best?

No. → What do you like to do with your friends?

解答解説

<ruby>英文<rt>えいぶん</rt></ruby>の<ruby>訳<rt>やく</rt></ruby>

ジョンのいちばん<ruby>好<rt>す</rt></ruby>きな<ruby>動物<rt>どうぶつ</rt></ruby>

ジョンはライオンがいちばん好きです。ジョンはよく<ruby>自分<rt>じぶん</rt></ruby>の<ruby>部屋<rt>へや</rt></ruby>で<ruby>動物<rt>どうぶつ</rt></ruby>についての<ruby>本<rt>ほん</rt></ruby>を<ruby>読<rt>よ</rt></ruby>みます。ジョンは<ruby>次<rt>つぎ</rt></ruby>の<ruby>土曜日<rt>どようび</rt></ruby>に<ruby>友<rt>とも</rt></ruby>だちといっしょに<ruby>動物園<rt>どうぶつえん</rt></ruby>へ<ruby>行<rt>い</rt></ruby>きます。

1 <ruby>黙読<rt>もくどく</rt></ruby>・<ruby>音読<rt>おんどく</rt></ruby>　　　　　　<ruby>黙読<rt>もくどく</rt></ruby>20<ruby>秒<rt>びょう</rt></ruby>

まず<ruby>黙読<rt>もくどく</rt></ruby>をします。そのとき，<ruby>話<rt>はなし</rt></ruby>の<ruby>内容<rt>ないよう</rt></ruby>をつかむのはもちろんですが，この<ruby>後<rt>あと</rt></ruby>の<ruby>音読<rt>おんどく</rt></ruby>に<ruby>備<rt>そな</rt></ruby>えて，<ruby>人物<rt>じんぶつ</rt></ruby>の<ruby>名前<rt>なまえ</rt></ruby>や<ruby>難<rt>むず</rt></ruby>しいことばの<ruby>読<rt>よ</rt></ruby>み<ruby>方<rt>かた</rt></ruby>を<ruby>確認<rt>かくにん</rt></ruby>します。この<ruby>文<rt>ぶん</rt></ruby>の<ruby>場合<rt>ばあい</rt></ruby>，John, often, Saturdayなどです。<ruby>音読<rt>おんどく</rt></ruby>するとき，<ruby>読<rt>よ</rt></ruby>むべき<ruby>文字<rt>もじ</rt></ruby>を<ruby>読<rt>よ</rt></ruby>み<ruby>忘<rt>わす</rt></ruby>れないようにしましょう。<ruby>特<rt>とく</rt></ruby>に，<ruby>複数形<rt>ふくすうけい</rt></ruby>の-s（books, animals）や<ruby>主語<rt>しゅご</rt></ruby>John に<ruby>合<rt>あ</rt></ruby>わせて<ruby>現在形<rt>げんざいけい</rt></ruby>の<ruby>動詞<rt>どうし</rt></ruby>につく-s（likes, reads）はていねいに<ruby>発音<rt>はつおん</rt></ruby>します。また，<ruby>長<rt>なが</rt></ruby>い<ruby>文<rt>ぶん</rt></ruby>はどこで<ruby>区切<rt>くぎ</rt></ruby>って<ruby>読<rt>よ</rt></ruby>むかがとても<ruby>大切<rt>たいせつ</rt></ruby>です。"books about animals" "with his friend"のように，<ruby>意味<rt>いみ</rt></ruby>のまとまりを<ruby>意識<rt>いしき</rt></ruby>して<ruby>読<rt>よ</rt></ruby>み<ruby>上<rt>あ</rt></ruby>げましょう。

2 <ruby>英文<rt>えいぶん</rt></ruby>に<ruby>関<rt>かん</rt></ruby>する<ruby>質問<rt>しつもん</rt></ruby>　　　　　<ruby>問題数<rt>もんだいすう</rt></ruby>：2<ruby>問<rt>もん</rt></ruby>

No. 1

<ruby>質問<rt>しつもん</rt></ruby>の<ruby>訳<rt>やく</rt></ruby>　　<ruby>英文<rt>えいぶん</rt></ruby>を<ruby>見<rt>み</rt></ruby>てください。ジョンは<ruby>自分<rt>じぶん</rt></ruby>の<ruby>部屋<rt>へや</rt></ruby>でよく<ruby>何<rt>なに</rt></ruby>をしますか。

<ruby>解答例<rt>かいとうれい</rt></ruby>　　He often reads books about animals.

<ruby>解答例<rt>かいとうれい</rt></ruby>の<ruby>訳<rt>やく</rt></ruby>　　<ruby>彼<rt>かれ</rt></ruby>はよく<ruby>動物<rt>どうぶつ</rt></ruby>についての<ruby>本<rt>ほん</rt></ruby>を<ruby>読<rt>よ</rt></ruby>みます。

解説　まず「passageを<ruby>見<rt>み</rt></ruby>てください」と<ruby>指示<rt>しじ</rt></ruby>されます。passage（<ruby>発音<rt>はつおん</rt></ruby>は［パッセージ］）はいろいろな<ruby>意味<rt>いみ</rt></ruby>を<ruby>持<rt>も</rt></ruby>つことばですが，ここでは「<ruby>短<rt>みじか</rt></ruby>い<ruby>文章<rt>ぶんしょう</rt></ruby>」のことです。『それでは，たった<ruby>今<rt>いま</rt></ruby><ruby>黙読<rt>もくどく</rt></ruby>・<ruby>音読<rt>おんどく</rt></ruby>した<ruby>文章<rt>ぶんしょう</rt></ruby>について<ruby>質問<rt>しつもん</rt></ruby>しますよ』という<ruby>合図<rt>あいず</rt></ruby>です。<ruby>質問<rt>しつもん</rt></ruby>は「ジョンが<ruby>自室<rt>じしつ</rt></ruby>でよくすることは<ruby>何<rt>なに</rt></ruby>か」というものです。oftenとin his roomがヒントになります。2<ruby>番目<rt>ばんめ</rt></ruby>のやや<ruby>長<rt>なが</rt></ruby>めの<ruby>文<rt>ぶん</rt></ruby>にヒントがあります。<ruby>答<rt>こた</rt></ruby>えるときは，<ruby>質問<rt>しつもん</rt></ruby>の<ruby>中<rt>なか</rt></ruby>にあったことばはできるだけ<ruby>繰<rt>く</rt></ruby>り<ruby>返<rt>かえ</rt></ruby>さないことが<ruby>基本<rt>きほん</rt></ruby>です。つまり，John はHeに<ruby>変<rt>か</rt></ruby>え，in his roomは<ruby>省略<rt>しょうりゃく</rt></ruby>します。

No. 2

<ruby>質問<rt>しつもん</rt></ruby>の<ruby>訳<rt>やく</rt></ruby>　　　ジョンはいつ<ruby>動物園<rt>どうぶつえん</rt></ruby>へ<ruby>行<rt>い</rt></ruby>きますか。

<ruby>解答例<rt>かいとうれい</rt></ruby>　　He will go there next Saturday.

<ruby>解答例<rt>かいとうれい</rt></ruby>の<ruby>訳<rt>やく</rt></ruby>　　<ruby>彼<rt>かれ</rt></ruby>は<ruby>次<rt>つぎ</rt></ruby>の<ruby>土曜日<rt>どようび</rt></ruby>にそこへ<ruby>行<rt>い</rt></ruby>きます。

解説　No. 2まではパッセージ（<ruby>先<rt>さき</rt></ruby>ほど<ruby>音読<rt>おんどく</rt></ruby>した<ruby>短<rt>みじか</rt></ruby>い<ruby>文章<rt>ぶんしょう</rt></ruby>）の<ruby>内容<rt>ないよう</rt></ruby>についての<ruby>質問<rt>しつもん</rt></ruby>です。カギは<ruby>最初<rt>さいしょ</rt></ruby>のWhen「いつ」。<ruby>疑問文<rt>ぎもんぶん</rt></ruby>なのでwillが<ruby>主語<rt>しゅご</rt></ruby>Johnの<ruby>前<rt>まえ</rt></ruby>に<ruby>出<rt>で</rt></ruby>ています。<ruby>全体<rt>ぜんたい</rt></ruby>で「いつジョンは<ruby>動物園<rt>どうぶつえん</rt></ruby>に<ruby>行<rt>い</rt></ruby>くつもりなのか」の<ruby>意味<rt>いみ</rt></ruby>になります。<ruby>本文<rt>ほんぶん</rt></ruby>の<ruby>中<rt>なか</rt></ruby>で<ruby>同<rt>おな</rt></ruby>じようなことばを<ruby>含<rt>ふく</rt></ruby>む<ruby>文<rt>ぶん</rt></ruby>を<ruby>探<rt>さが</rt></ruby>しましょう。<ruby>英語<rt>えいご</rt></ruby>では「<ruby>時<rt>とき</rt></ruby>」を<ruby>表<rt>あらわ</rt></ruby>すことばは<ruby>文<rt>ぶん</rt></ruby>の<ruby>終<rt>お</rt></ruby>わりに<ruby>置<rt>お</rt></ruby>くのが<ruby>基本<rt>きほん</rt></ruby>ですから，When?に<ruby>対<rt>たい</rt></ruby>する<ruby>答<rt>こた</rt></ruby>えはパッセージの<ruby>最尾<rt>さいこうび</rt></ruby>にあるnext Saturdayです。ただ，スピーキングテストでは，〈<ruby>主語<rt>しゅご</rt></ruby>＋<ruby>動詞<rt>どうし</rt></ruby>〉から<ruby>始<rt>はじ</rt></ruby>め，<ruby>完全<rt>かんぜん</rt></ruby>な<ruby>文<rt>ぶん</rt></ruby>の<ruby>形<rt>かたち</rt></ruby>で<ruby>答<rt>こた</rt></ruby>えることを<ruby>目指<rt>めざ</rt></ruby>しましょう。

3 イラストに関する質問

No. 3

質問の訳 イラストを見てください。女の子は何をしていますか。

解答例 She is eating ice cream.

解答例の訳 彼女はアイスクリームを食べています。

解説 No. 3はカードの絵についての問題です。質問をよく聞いて，どの人物について聞かれているのか理解することが重要です。大きく中心に描かれている人ではない場合が多いので注意しましょう。質問はWhat is the girl doing?です。絵の中の人がしていること（動作）を表すときは現在進行形〈am / is / are ＋ ～ing〉を使うのが基本です。日本語では，「座っている」と「アイスを食べている」の2通りが考えられますが，英語では「座っている」は動作とは考えません。また，iceは「氷」です。省略せずにice creamと言います。

4 受験者自身についての質問

No. 4

質問の訳 あなたは動物が好きですか。

（はい。）→あなたはどの動物がいちばん好きですか。

（いいえ。）→あなたは友だちといっしょに何をするのが好きですか。

解答例 Yes. → I like dogs the best.

No. → I like to play basketball with my friends.

解答例の訳 はい。→ 私は犬がいちばん好きです。

いいえ。→ 私は友だちといっしょにバスケットボールをするのが好きです。

解説 No. 4はあなた自身についての質問です。内容に正解・不正解はないので，自由に答えましょう。質問は2問でひと組です。1問目はDo you ～?やAre you ～?などで始まり，Yes.かNo.を選びます。ここでは「動物は好き？」に対して，好きならYes.きらいならNo.と答えます。

2問目は Yes.と答えた場合とNo.と答えた場合で質問が異なります。Yes.の人は What animal ～ the best?「どの動物がいちばん好き？」と聞かれます。好きなのは「犬全般」ですから，必ずI like dogsと複数のsをつけましょう。また「いちばん」を表すthe bestも答えの最後に入れます。No.と答えた人には違う質問が用意されています。できるだけ質問と同じ文型で答えましょう。ここではWhat do you like to do with your friends?「友だちといっしょに何をするのが好き？」なので，自分の好きなことを〈I like to＋動詞〉で答えます。「友だちといっしょに」は「自分の友だち」なのでwith my friendsと変えます。

MEMO

英検対策・試験情報

旺文社の
英検®合格ナビゲーター

英検合格ナビゲーターは，英検合格を目指す方にオススメのサイトです。

旺文社の英検書ラインアップを紹介！

オススメ商品の紹介のほか，
ご自分に合った本を探すこともできます

Web特典をご利用いただけます！

ご購入いただいた書籍のWeb特典をご利用いただけます
※書籍によってご利用いただける特典は異なります

英検試験情報，学習方法，
英検の大学入試利用情報についても紹介！

英検の試験情報や級別対策法，
「大学受験パスナビ」で詳しい情報がわかります

旺文社の英検®合格ナビゲーター
https://eiken.obunsha.co.jp/

PC・
スマホで！

Day 1　解答用紙（4級）

注意事項

①解答には HB の黒鉛筆（シャープペンシルも可）を使用し、解答を訂正する場合には消しゴムで完全に消してください。

②解答用紙は絶対に汚したり折り曲げたり、所定以外のところへの記入はしないでください。

③マーク例

良い例	悪い例
⬤	◔ ⊗ ◖

◌ これ以下の濃さのマークは読めません。

<table>
<tr><th colspan="2">解答欄</th></tr>
<tr><th>問題番号</th><th>1 2 3 4</th></tr>
<tr><td rowspan="15">1</td><td>(1) ① ② ③ ④</td></tr>
<tr><td>(2) ① ② ③ ④</td></tr>
<tr><td>(3) ① ② ③ ④</td></tr>
<tr><td>(4) ① ② ③ ④</td></tr>
<tr><td>(5) ① ② ③ ④</td></tr>
<tr><td>(6) ① ② ③ ④</td></tr>
<tr><td>(7) ① ② ③ ④</td></tr>
<tr><td>(8) ① ② ③ ④</td></tr>
<tr><td>(9) ① ② ③ ④</td></tr>
<tr><td>(10) ① ② ③ ④</td></tr>
<tr><td>(11) ① ② ③ ④</td></tr>
<tr><td>(12) ① ② ③ ④</td></tr>
<tr><td>(13) ① ② ③ ④</td></tr>
<tr><td>(14) ① ② ③ ④</td></tr>
<tr><td>(15) ① ② ③ ④</td></tr>
</table>

<table>
<tr><th colspan="2">解答欄</th></tr>
<tr><th>問題番号</th><th>1 2 3 4</th></tr>
<tr><td rowspan="5">2</td><td>(16) ① ② ③ ④</td></tr>
<tr><td>(17) ① ② ③ ④</td></tr>
<tr><td>(18) ① ② ③ ④</td></tr>
<tr><td>(19) ① ② ③ ④</td></tr>
<tr><td>(20) ① ② ③ ④</td></tr>
<tr><td rowspan="5">3</td><td>(21) ① ② ③ ④</td></tr>
<tr><td>(22) ① ② ③ ④</td></tr>
<tr><td>(23) ① ② ③ ④</td></tr>
<tr><td>(24) ① ② ③ ④</td></tr>
<tr><td>(25) ① ② ③ ④</td></tr>
<tr><td rowspan="10">4</td><td>(26) ① ② ③ ④</td></tr>
<tr><td>(27) ① ② ③ ④</td></tr>
<tr><td>(28) ① ② ③ ④</td></tr>
<tr><td>(29) ① ② ③ ④</td></tr>
<tr><td>(30) ① ② ③ ④</td></tr>
<tr><td>(31) ① ② ③ ④</td></tr>
<tr><td>(32) ① ② ③ ④</td></tr>
<tr><td>(33) ① ② ③ ④</td></tr>
<tr><td>(34) ① ② ③ ④</td></tr>
<tr><td>(35) ① ② ③ ④</td></tr>
</table>

切り取り線

Day 2　解答用紙（4級）

注意事項

①解答には HB の黒鉛筆（シャープペンシルも可）を使用し、解答を訂正する場合には消しゴムで完全に消してください。

②解答用紙は絶対に汚したり折り曲げたり、所定以外のところへの記入はしないでください。

③マーク例

これ以下の濃さのマークは読めません。

リスニング解答欄		
問題番号	1 2 3 4	
第1部	No.1	① ② ③
	No.2	① ② ③
	No.3	① ② ③
	No.4	① ② ③
	No.5	① ② ③
	No.6	① ② ③
	No.7	① ② ③
	No.8	① ② ③
	No.9	① ② ③
	No.10	① ② ③

リスニング解答欄		
問題番号	1 2 3 4	
第3部	No.21	① ② ③ ④
	No.22	① ② ③ ④
	No.23	① ② ③ ④
	No.24	① ② ③ ④
	No.25	① ② ③ ④
	No.26	① ② ③ ④
	No.27	① ② ③ ④
	No.28	① ② ③ ④
	No.29	① ② ③ ④
	No.30	① ② ③ ④

リスニング解答欄		
問題番号	1 2 3 4	
第2部	No.11	① ② ③ ④
	No.12	① ② ③ ④
	No.13	① ② ③ ④
	No.14	① ② ③ ④
	No.15	① ② ③ ④
	No.16	① ② ③ ④
	No.17	① ② ③ ④
	No.18	① ② ③ ④
	No.19	① ② ③ ④
	No.20	① ② ③ ④

切り取り線

Day 3　解答用紙（4級）

注意事項

①解答には HB の黒鉛筆（シャープペンシルも可）を使用し、解答を訂正する場合には消しゴムで完全に消してください。

②解答用紙は絶対に汚したり折り曲げたり、所定以外のところへの記入はしないでください。

③マーク例

良い例	悪い例

これ以下の濃さのマークは読めません。

解答欄		1	2	3	4
	(1)	①	②	③	④
	(2)	①	②	③	④
	(3)	①	②	③	④
	(4)	①	②	③	④
	(5)	①	②	③	④
	(6)	①	②	③	④
	(7)	①	②	③	④
1	(8)	①	②	③	④
	(9)	①	②	③	④
	(10)	①	②	③	④
	(11)	①	②	③	④
	(12)	①	②	③	④
	(13)	①	②	③	④
	(14)	①	②	③	④
	(15)	①	②	③	④

解答欄		1	2	3	4
	(16)	①	②	③	④
	(17)	①	②	③	④
2	(18)	①	②	③	④
	(19)	①	②	③	④
	(20)	①	②	③	④
	(21)	①	②	③	④
	(22)	①	②	③	④
3	(23)	①	②	③	④
	(24)	①	②	③	④
	(25)	①	②	③	④
	(26)	①	②	③	④
	(27)	①	②	③	④
	(28)	①	②	③	④
	(29)	①	②	③	④
	(30)	①	②	③	④
4	(31)	①	②	③	④
	(32)	①	②	③	④
	(33)	①	②	③	④
	(34)	①	②	③	④
	(35)	①	②	③	④

Day 4 解答用紙（4級）

注意事項

①解答にはHBの黒鉛筆（シャープペンシルも可）を使用し、解答を訂正する場合には消しゴムで完全に消してください。

②解答用紙は絶対に汚したり折り曲げたり、所定以外のところへの記入はしないでください。

③マーク例

良い例	悪い例
●	⊙ ⊗ ◓

◯ これ以下の濃さのマークは読めません。

リスニング解答欄

問題番号	1 2 3 4
第1部 No.1	① ② ③
No.2	① ② ③
No.3	① ② ③
No.4	① ② ③
No.5	① ② ③
No.6	① ② ③
No.7	① ② ③
No.8	① ② ③
No.9	① ② ③
No.10	① ② ③

リスニング解答欄

問題番号	1 2 3 4
第3部 No.21	① ② ③ ④
No.22	① ② ③ ④
No.23	① ② ③ ④
No.24	① ② ③ ④
No.25	① ② ③ ④
No.26	① ② ③ ④
No.27	① ② ③ ④
No.28	① ② ③ ④
No.29	① ② ③ ④
No.30	① ② ③ ④

リスニング解答欄

問題番号	1 2 3 4
第2部 No.11	① ② ③ ④
No.12	① ② ③ ④
No.13	① ② ③ ④
No.14	① ② ③ ④
No.15	① ② ③ ④
No.16	① ② ③ ④
No.17	① ② ③ ④
No.18	① ② ③ ④
No.19	① ② ③ ④
No.20	① ② ③ ④

切り取り線

Day 5 解答用紙（4級）

解答欄

問題番号	1 2 3 4
1	(1) ① ② ③ ④
	(2) ① ② ③ ④
	(3) ① ② ③ ④
	(4) ① ② ③ ④
	(5) ① ② ③ ④
	(6) ① ② ③ ④
	(7) ① ② ③ ④
	(8) ① ② ③ ④
	(9) ① ② ③ ④
	(10) ① ② ③ ④
	(11) ① ② ③ ④
	(12) ① ② ③ ④
	(13) ① ② ③ ④
	(14) ① ② ③ ④
	(15) ① ② ③ ④

解答欄

問題番号	1 2 3 4
2	(16) ① ② ③ ④
	(17) ① ② ③ ④
	(18) ① ② ③ ④
	(19) ① ② ③ ④
	(20) ① ② ③ ④
3	(21) ① ② ③ ④
	(22) ① ② ③ ④
	(23) ① ② ③ ④
	(24) ① ② ③ ④
	(25) ① ② ③ ④
4	(26) ① ② ③ ④
	(27) ① ② ③ ④
	(28) ① ② ③ ④
	(29) ① ② ③ ④
	(30) ① ② ③ ④
	(31) ① ② ③ ④
	(32) ① ② ③ ④
	(33) ① ② ③ ④
	(34) ① ② ③ ④
	(35) ① ② ③ ④

リスニング解答欄

問題番号	1 2 3 4
第1部	No.1 ① ② ③
	No.2 ① ② ③
	No.3 ① ② ③
	No.4 ① ② ③
	No.5 ① ② ③
	No.6 ① ② ③
	No.7 ① ② ③
	No.8 ① ② ③
	No.9 ① ② ③
	No.10 ① ② ③

リスニング解答欄

問題番号	1 2 3 4
第2部	No.11 ① ② ③ ④
	No.12 ① ② ③ ④
	No.13 ① ② ③ ④
	No.14 ① ② ③ ④
	No.15 ① ② ③ ④
	No.16 ① ② ③ ④
	No.17 ① ② ③ ④
	No.18 ① ② ③ ④
	No.19 ① ② ③ ④
	No.20 ① ② ③ ④

リスニング解答欄

問題番号	1 2 3 4
第3部	No.21 ① ② ③ ④
	No.22 ① ② ③ ④
	No.23 ① ② ③ ④
	No.24 ① ② ③ ④
	No.25 ① ② ③ ④
	No.26 ① ② ③ ④
	No.27 ① ② ③ ④
	No.28 ① ② ③ ④
	No.29 ① ② ③ ④
	No.30 ① ② ③ ④

切り取り線

Day 6 解答用紙（4級）

注意事項

①解答には HB の黒鉛筆（シャープペンシルも可）を使用し、解答を訂正する場合には消しゴムで完全に消してください。

②解答用紙は絶対に汚したり折り曲げたり、所定以外のところへの記入はしないでください。

③マーク例

良い例	悪い例
●	· ⊗ ◖

 これ以下の濃さのマークは読めません。

解答欄

問題番号		1 2 3 4
1	(1)	① ② ③ ④
	(2)	① ② ③ ④
	(3)	① ② ③ ④
	(4)	① ② ③ ④
	(5)	① ② ③ ④
	(6)	① ② ③ ④
	(7)	① ② ③ ④
	(8)	① ② ③ ④
	(9)	① ② ③ ④
	(10)	① ② ③ ④
	(11)	① ② ③ ④
	(12)	① ② ③ ④
	(13)	① ② ③ ④
	(14)	① ② ③ ④
	(15)	① ② ③ ④

解答欄

問題番号		1 2 3 4
2	(16)	① ② ③ ④
	(17)	① ② ③ ④
	(18)	① ② ③ ④
	(19)	① ② ③ ④
	(20)	① ② ③ ④
3	(21)	① ② ③ ④
	(22)	① ② ③ ④
	(23)	① ② ③ ④
	(24)	① ② ③ ④
	(25)	① ② ③ ④
4	(26)	① ② ③ ④
	(27)	① ② ③ ④
	(28)	① ② ③ ④
	(29)	① ② ③ ④
	(30)	① ② ③ ④
	(31)	① ② ③ ④
	(32)	① ② ③ ④
	(33)	① ② ③ ④
	(34)	① ② ③ ④
	(35)	① ② ③ ④

リスニング解答欄

問題番号		1 2 3 4
第1部	No.1	① ② ③
	No.2	① ② ③
	No.3	① ② ③
	No.4	① ② ③
	No.5	① ② ③
	No.6	① ② ③
	No.7	① ② ③
	No.8	① ② ③
	No.9	① ② ③
	No.10	① ② ③

リスニング解答欄

問題番号		1 2 3 4
第2部	No.11	① ② ③ ④
	No.12	① ② ③ ④
	No.13	① ② ③ ④
	No.14	① ② ③ ④
	No.15	① ② ③ ④
	No.16	① ② ③ ④
	No.17	① ② ③ ④
	No.18	① ② ③ ④
	No.19	① ② ③ ④
	No.20	① ② ③ ④

リスニング解答欄

問題番号		1 2 3 4
第3部	No.21	① ② ③ ④
	No.22	① ② ③ ④
	No.23	① ② ③ ④
	No.24	① ② ③ ④
	No.25	① ② ③ ④
	No.26	① ② ③ ④
	No.27	① ② ③ ④
	No.28	① ② ③ ④
	No.29	① ② ③ ④
	No.30	① ② ③ ④

Day 7 解答用紙（4級）

解答欄

問題番号	1 2 3 4
(1)	① ② ③ ④
(2)	① ② ③ ④
(3)	① ② ③ ④
(4)	① ② ③ ④
(5)	① ② ③ ④
(6)	① ② ③ ④
(7)	① ② ③ ④
(8)	① ② ③ ④
(9)	① ② ③ ④
(10)	① ② ③ ④
(11)	① ② ③ ④
(12)	① ② ③ ④
(13)	① ② ③ ④
(14)	① ② ③ ④
(15)	① ② ③ ④

（1の欄）

解答欄

問題番号	1 2 3 4
(16)	① ② ③ ④
(17)	① ② ③ ④
(18)	① ② ③ ④
(19)	① ② ③ ④
(20)	① ② ③ ④
(21)	① ② ③ ④
(22)	① ② ③ ④
(23)	① ② ③ ④
(24)	① ② ③ ④
(25)	① ② ③ ④
(26)	① ② ③ ④
(27)	① ② ③ ④
(28)	① ② ③ ④
(29)	① ② ③ ④
(30)	① ② ③ ④
(31)	① ② ③ ④
(32)	① ② ③ ④
(33)	① ② ③ ④
(34)	① ② ③ ④
(35)	① ② ③ ④

（2：16〜20、3：21〜25、4：26〜35）

リスニング解答欄

第1部

問題番号	1 2 3
No.1	① ② ③
No.2	① ② ③
No.3	① ② ③
No.4	① ② ③
No.5	① ② ③
No.6	① ② ③
No.7	① ② ③
No.8	① ② ③
No.9	① ② ③
No.10	① ② ③

リスニング解答欄

第2部

問題番号	1 2 3 4
No.11	① ② ③ ④
No.12	① ② ③ ④
No.13	① ② ③ ④
No.14	① ② ③ ④
No.15	① ② ③ ④
No.16	① ② ③ ④
No.17	① ② ③ ④
No.18	① ② ③ ④
No.19	① ② ③ ④
No.20	① ② ③ ④

リスニング解答欄

第3部

問題番号	1 2 3 4
No.21	① ② ③ ④
No.22	① ② ③ ④
No.23	① ② ③ ④
No.24	① ② ③ ④
No.25	① ② ③ ④
No.26	① ② ③ ④
No.27	① ② ③ ④
No.28	① ② ③ ④
No.29	① ② ③ ④
No.30	① ② ③ ④

切り取り線

7日間完成

文部科学省後援

英検®4級 予想問題ドリル

[5訂版]

解答と解説
かいとう　かいせつ

Contents 解答と解説
かいとう　かいせつ

旺文社

筆記試験
解答と解説

問題編 p.10〜19

1

問題	1	2	3	4	5	6	7	8	9	10	11	12	13	14	15
解答	1	4	4	2	1	3	4	4	3	4	3	4	3	1	3

2

問題	16	17	18	19	20
解答	3	2	1	4	3

3

問題	21	22	23	24	25
解答	4	4	2	3	1

4

			A	B		C				
問題	26	27	28	29	30	31	32	33	34	35
解答	3	2	2	4	3	4	2	4	3	3

Day 1

1

(1) 解答 **1**

A「お金を引き出さなくちゃいけないんだ。どうしたらいいかな？」

B「そうね，あそこに銀行があるわよ」

1 銀行　**2** 公園　**3** 通り　**4** 川

解説　take some money out「お金を引き出す」がポイントになります。お金を引き出すことができる場所はbank「銀行」です。

(2) 解答 **4**

「ジェームズはバスケットボールが好きです。彼は将来プロのバスケットボール選手になりたいです」

1 広い　　　　　**2** 同じ

3 疲れた　　　　**4** プロの

解説　professionalのように外来語には省略や音を変化させたものが多くあります。カタカナ語はよくチェックしておきましょう。

(3) 解答 **4**

A「1日に何回歯を磨くの？」

B「3回だよ」

1 〜を運転する　　**2** ほほ笑む

3 〜を出発する　　**4** 〜を磨く

解説　teethはtooth「歯」の複数形で，brush one's teethで「歯にブラシをかける → 歯磨きをする」という意味です。How many times 〜?は「何回〜？」という意味です。

(4) 解答 **2**

A「壁に掛かっているあの絵はすごくいいですね」

B「はい。とても有名です」

1 〜のために

2 〜の上に，〜に接して

3 〜の後に　　　　**4** 〜の前に

解説　The picture「絵，写真」と the wall「壁」を結びつけることばはon「〜に接している，くっついている」です。

(5) 解答 **1**

「山田さんは料理がじょうずです。彼はよく家族のために特別なサラダを作ります」

1 特別な　　　　　**2** 雨降りの

3 若い　　　　　　**4** 空腹の

解説　空所の後にあるsaladを説明する語が入ります。最初に「料理がじょうず」とあるので，special「特別な」サラダを作るとするのが正解です。

1

(6) 解答 **3**

A「どちらの席がよろしいですか」
B「窓の近くに座りたいです」

1 ホテル　　　　　**2** スタジアム
3 席　　　　　　　**4** ホール

解説 〈Which + 名詞〉「どの〜」は選んでもらうときの質問です。seatはイス全般を含みます。I'd (=I would) like to 〜はI want to 〜よりていねいな表現です。

(7) 解答 **4**

A「バスケットボールのチームには何人のメンバーがいるの？」
B「男子が15人と，女子が20人だよ」

1 建物　　　　　　**2** チケット
3 スポーツ　　　　**4** メンバー

解説 〈How many 〜（名詞の複数形）〉で「いくつの〜」。the basketball teamとあるので，「メンバー，構成員」を意味するmember(s)が正解です。

(8) 解答 **4**

「ブラッドは，そのテレビゲームの値段が高すぎるので買うのをやめました」

1 〜を作った
2 〜を持ち続けた
3 〜を捕まえた
4 （gave up 〜ing で）〜することをやめた

解説 give up 〜ingで「〜することをやめる［あきらめる］」です。ここではgiveの過去形gaveが正解です。

(9) 解答 **3**

A「部屋の掃除はしたの，ジェレミー？」
B「今すぐにするよ，お母さん」

1 〜のために
2 〜のそばに
3 （right now で）今すぐに
4 ただ〜だけ

解説 空所の後にnowがあるので，right now「今すぐに」とします。前にあるdo itは部屋の掃除をするということです。

(10) 解答 **4**

A「家に着いたらご両親によろしくお伝えください」
B「わかりました，そうします」

1 場所
2 話
3 答え
4 (say hello to 〜 で) 〜によろしく伝える

解説 sayの後にhello to 〜 を続けて「〜によろしく伝える」という表現になります。別れのあいさつとしても使います。

(11) 解答 **3**

A「私は毎朝ジョギングを始めるつもりです」
B「すごい。それは本当に体にいいですよ」

1 暗い
2 遅い
3 (be good for 〜 で) 〜（の体）にいい
4 親切な

解説 goodは場面によっていろいろな意味を表しますが，ここはジョギングの話なので「〜（の体）にいい」の意味になります。

(12) 解答 **4**

「タケシは祖母から手紙を受け取り，すぐに彼女に返事を書きました」

1 〜を助けた
2 〜に会った
3 待った
4 (wrote back to 〜 で) 〜に返事を書いた

解説 選択肢はすべて動詞の過去形です。write to 〜「〜に手紙［メール］を書く」はbackを続けて「〜に返事を書く」となります。

(13) 解答 **1**

A「昨夜8時ごろに君に電話したんだよ」
B「ごめんね。ぼくは眠っていたよ」

解説 空所の前のwasはbe動詞の過去形です。動詞の 〜ing形と合わせることで「〜しているところだった」の意味になります。

(14) 解答 3

A「君のお父さんの仕事は何なの，トモコ？」
B「医者よ。東京の病院に勤めているの」

1 いつ　**2** だれが　**3** 何を　**4** どこに

解説　BがHe's a doctor.と答えていることに注意します。What does[do] ～ do?は，主語の職業をたずねる場合に使います。

(15) 解答 3

「ジョージは今朝，遅くに目が覚めたので，朝食を食べませんでした。今，彼はとてもお腹がすいています」

解説　空所の後に動詞haveがあるので，否定文はdoesn'tの過去形didn'tを選びます。前の文のwokeはwake「目覚める」の過去形です。

2

(16) 解答 3

息子「やあ，お母さん。今日の夕食は何？」
母親「ビーフシチューよ。あなたの大好きなものよ」
息子「わあ，待ちきれないよ！」

1 夕食はどこで食べるの？
2 レストランにはどうやって行ったの？
3 今日の夕食は何？
4 なぜカレーを作ったの？

解説　「シチュー」は英語ではstewです。夕飯の献立の話をしている場面です。他の選択肢のWhere「どこ」，How「どうやって」，Why「なぜ」にはIt's ～ では答えられません。

(17) 解答 2

生徒「数学の問題を終えるための時間をもう少しもらえませんか」
先生「いいですよ」

1 私たちはそれが好きです。
2 いいですよ。
3 はい，そうしました。
4 来週に。

解説　Can you ～? は「～してくれませんか」の意味で，相手に依頼する表現です。これに対して，「いいですよ/わかりました」と答えるのがAll right.やOK.です。

(18) 解答 1

女性「今年の夏に沖縄に行くのはどう？」
男性「いい考えだね。ぼくはそこでダイビ

ングに挑戦したいよ」

1 いい考えだね。
2 ぼくは持っていないよ。
3 まったくないよ。
4 これは君にだよ。

解説　How about ～ing? は「～するのはどうですか」の意味で，相手に提案をする表現です。その提案についてどう思うかを答えているものを探します。

(19) 解答 4

女の子「これはあなたの新しいかばんなの？」
男の子「うん。どう思う？」
女の子「とてもすてきよ。色が好きだわ」

1 中に何が入っているの？
2 いつそれを知ったの？
3 どこでそれを買ったの？
4 どう思う？

解説　男の子が持っているnew bag「新しいかばん」が話題になっています。「～の印象はどうですか/～は気に入りましたか」と，相手に感想をたずねる表現がHow do you like it? です。

(20) 解答 3

妻「アンソニー！　あなたの名前を3回呼んだけれど，あなたは答えなかったわ。何をしているの？」
夫「ごめん，アリソン。音楽を聞いている

んだ」
1 私はロック音楽が好きではないの。
2 あなたはギターを弾いていなかったわ。
3 あなたは答えなかったわ。
4 私はあなたの名前が書けなかったわ。

3

(21) 解答 4

正しい語順 What (do you think of our) new school uniforms?

解説 think「思う，考える」はof ～か about ～をつけると「～について」と話題を提示することができます。「どう思うか」は英語ではWhat do you think ～?「何を思うか」と言うことに注意しましょう。I think it's nice.などと答えます。

(22) 解答 4

正しい語順 Tom (is good at dancing like) a robot.

解説 「～が得意だ」を表すにはbe good at ～を使います。beは主語に合わせて適切な形に変えます。atの後に「～するのが」と続けたいときは動詞を～ing形にします。ここでのlikeは動詞「～を好む」ではなく，前置詞「～のような［に］」の意味です。

(23) 解答 2

正しい語順 I (have to be home by) seven o'clock.

解説 「～しなければならない」はhave to ～で表します。この後には動詞の原形（こ

こではbe)がきます。be homeで「家にいる」，つまり「帰っている」ということです。「～時までに」はby ～（時刻）です。

(24) 解答 3

正しい語順 (Could you show me your) passport?

解説 主語youの前にcouldを出して疑問文の語順にします。show「人に物を見せる」の使い方にはtoを使う〈show＋物＋to＋人〉と，使わない〈show＋人＋物〉の2通りがあります。ここではtoがないので，〈人＋物〉の順に並べます。Could you ～? はていねいに頼むときの表現です。

(25) 解答 1

正しい語順 (Who gets up the earliest in your) family?

解説 「だれが～」という疑問文なので，Whoで始めます。次に動詞がきますが，「起きる」はget(s) up という熟語表現です。「いちばん早く」は最上級の表現で, the earliest とします。inは「～の中で」を意味し，your familyとつなげます。

4

全訳

クリーン　スクール　プロジェクト
ボランティアが必要です！

7月21日に学校を掃除します。

掃除のスケジュール

時間	場所
10:00 ～ 12:00	体育館
13:30 ～ 16:00	図書館
16:30 ～ 18:00	校庭

・図書館では無料で古い本をもらえます。
・昼食は持参してください。

もっと情報がほしいのであれば，カーター先生にたずねてください。

(26) 　解答　**3**

「生徒はいつ校庭を掃除し始めますか」

1 10時。　　　　**2** 13時30分。
3 16時30分。　　**4** 18時。

解説　校内の掲示に関する質問です。When「いつ」で始まり，選択肢に時刻が並んでいます。掲示の表には掃除する場所とそれぞれの開始と終了の時刻が書かれています。質問の start cleaning the school grounds の下線部と合致する欄を見つけ，時刻を選びましょう。

(27) 　解答　**2**

「図書館では，生徒は」
1 本を買わなければならない。
2 古い本をもらうことができる。
3 昼食を食べることができる。
4 雑誌を読まなければならない。

解説　この設問は後に語句を補って文を完成させる形式です。At the library, で始まる文は表のすぐ下にあります。掲示文は，読む人に対して you「あなた（たち）」と呼びかける形で書かれていますが，ここでは students「生徒たち」となっています。

全訳

差出人：ダスティン・アンダーソン
受取人：ハリー・コリンズ
日付：2月10日
件名：ありがとう！

こんにちは，ハリー，
昨日はぼくの宿題を手伝ってくれてありがとう。君は数学が得意だね。君に質問をしてもいい？　君はバスケットボールに興味はあるかい？　ぼくの父親がプロのバスケットボールの試合のチケットを手に入れたんだ。ぼくらといっしょに行きたい？　試合は次の土曜日だよ。午後7時に始まって，午後10時ごろに終わるよ。いっしょに行くことができたらいいな。
またね，
ダスティン

差出人：ハリー・コリンズ
受取人：ダスティン・アンダーソン
日付：2月10日
件名：行きたい！

こんにちは，ダスティン，
ぼくはバスケットボールが大好きなんだ！ぼくはよくバスケットボールをテレビで見るよ。毎週土曜日にピアノのレッスンがあるけ

れど，レッスンの日にちを変えられるから，次の土曜日は君たちといっしょに行くことができるよ。それってとてもわくわくするなあ。
また学校で会おう，
ハリー

(28) 解答 2

「ハリーは昨日何をしましたか」
1 彼はバスケットボールの試合のチケットを買った。
2 彼はダスティンの宿題を手伝った。
3 彼はバスケットボールの試合を見た。
4 彼は体育館でバスケットボールをした。

解説 メールのやり取りを読んで質問に答えます。メールの中でのI「私」とyou「あなた」がだれなのか，まず確認します。最初のメールではIがDustinで，youがHarryです。yesterdayは最初の文に出てきます。Dustinが，宿題を手伝ってくれたことをHarryに感謝しています。

(29) 解答 4

「試合は何時に終わりますか」
1 午後7時ごろ。
2 午後8時ごろ。
3 午後9時ごろ。
4 午後10時ごろ。

解説 試合が終わる時刻が問題です。これも1つ目のメールの内容です。It starts ... and will end ...とあります。英語では同じ物や人について話している間は，基本的にhe / she / itに言い換えるので，itは前文のThe gameのことです。〈around＋時刻〉は「～時前後」の意味です。

(30) 解答 3

「土曜日には，ハリーは普段は」
1 数学を勉強する。
2 スタジアムへ行く。
3 ピアノのレッスンを受ける。
4 本を読む。

解説 文を完成させる問題です。2つ目のメールでは書き手と読み手が入れ替わりますから，HarryがIになります。Saturdayにsがつくと「毎週土曜日」を表します。本文のhave piano lessonsをtakeに変えても同じ意味です。主語Harryに合わせてtakesになっています。

4C

全訳

ジェニファーの夢

ジェニファーは絵を描くことが好きです。彼女はよく自分の部屋で絵を描きます。彼女のおじのジョンは芸術家でパリに住んでいます。ときどき，彼女は彼と電話で話します。彼は芸術について多くのことを知っていて，彼女にそれを教えてくれるので，彼女は彼がとても好きです。

昨年の夏，ジェニファーはジョンを訪問するために両親といっしょにパリへ旅行しました。彼は彼女をパリの2，3の美術館に連れて行き，彼女はそこにあるすべての有名な絵画を見て楽しみました。彼はまた彼女を2，3の美術学校に連れて行きました。そこには世界中から来たたくさんの学生がいました。

パリへの旅行の後，ジェニファーは両親に「私は将来，パリに住みたいの」と言い，美術の勉強を始めました。今では，ジェニファーは毎週土曜日に絵画教室に通い，そして毎週日曜日には，フランス語のクラスへ行っています。彼女はいつの日かジョンのような芸術家になるために，パリの美術学校へ

行くつもりです。

(31) 解答 4

「ジェニファーが好きなのは」

1 台所で両親と話すことだ。
2 公園で友だちと会うことだ。
3 図書館で美術についての本を読むことだ。
4 自分の部屋で絵を描くことだ。

解説 文を完成させる問題です。出だしの2つの文，Jennifer likes painting. She often paints pictures in her room. をまとめた内容になっています。「～をすることが好き」と表すには，likeの後に動詞の～ing形か〈to＋動詞の原形〉のどちらかをつけます。

(32) 解答 2

「ジェニファーはなぜジョンが好きなのですか」

1 彼はフランスについて彼女に話してくれる。
2 彼は彼女に芸術について教えてくれる。
3 彼は絵を描くことが得意だ。
4 彼はよく彼女にEメールを送る。

解説 彼女がおじのジョンが好きなのはWhy「なぜ？」という質問です。soがあればその前，becauseならその後に理由があります。第1段落の最後の文のbecauseの後に理由が述べられています。she, he, itなどは常に何のことか確認しながら読みましょう。

(33) 解答 4

「昨年の夏，だれがジェニファーをパリへ連れて行きましたか」

1 ジョン。　　　2 ジョンの両親。
3 彼女の友だち。　**4 彼女の両親。**

解説 第2段落ではHe (= John) took her (= Jennifer) ～が2回出てきますが，Johnはパリの中を案内しただけです。「…といっしょにパリへ行った」～ went on a trip to Paris with ...の後に答えがあります。

(34) 解答 3

「ジェニファーはパリの美術学校で何を見ましたか」

1 たくさんの有名な絵画。
2 フランス人の美術の先生。
3 世界中から来ている学生。
4 アメリカから来たたくさんの観光客。

解説 art schools「美術学校」の話題は第2段落の終わりに出てきます。最後の文There were ～ there.は，文頭のThere were ～は「～がいた［あった］」，文末のthereは「そこ（美術学校）には」を意味しています。「そこにいた」＝「彼女は見た」と考えます。

(35) 解答 3

「今，毎週土曜日にジェニファーは何をしていますか」

1 写真を撮る。
2 フランス語を勉強する。
3 絵画教室へ通う。
4 おじを訪問する。

解説 on Saturdays（複数形で「毎週土曜日」）とその直後のnowが矛盾するようですが，このnowはパリに行く前と対比しての「現在」です。なお，選択肢は動詞から後だけを答えていますが，完全な文で答えるときはShe goes to ～のように，動詞に(e)sが必要になります。

リスニングテスト
解答と解説

問題編 p.22〜25

第1部	問題	1	2	3	4	5	6	7	8	9	10
	解答	3	3	2	1	2	1	2	1	3	3

第2部	問題	11	12	13	14	15	16	17	18	19	20
	解答	4	3	2	4	1	2	2	4	4	3

第3部	問題	21	22	23	24	25	26	27	28	29	30
	解答	2	3	3	3	2	2	1	3	4	4

第1部　🔊001〜011　★＝男性，☆＝女性

No. 1　解答 **3**

★：Those are big bags, Ms. Green.
☆：Yes. They're heavy.
★：I'll carry them for you.
1 I wanted to go.
2 You're welcome.
3 Thanks for your help.

★：あれらは大きなかばんですね，グリーン先生。
☆：そうね。それらは重いわよ。
★：ぼくがそれらを運びますよ。
1 私は行きたかったわ。
2 どういたしまして。
3 手伝ってくれてありがとう。

解説　bagが2つあるので，Those are ...-s.「あれらは…です」と複数形を使います。続くThey're 〜も carry them もかばんのことです。I'll は I will の短縮形で，「私が〜してあげます」を表します。相手に Thanks for 〜「〜してくれてありがとう」と言うのが自然です。

No. 2　解答 **3**

☆：What did you do last Sunday?
★：I went to the museum.
☆：How did you go there?
1 Five dollars.
2 It was great.
3 By bike.

☆：先週の日曜日は何をしたの？
★：博物館に行ったよ。
☆：どうやってそこに行ったの？
1 5ドルだよ。
2 すごかったよ。
3 自転車でだよ。

解説　Howで始まる疑問文に答えるときは，その次のことばに気をつけましょう。Howのすぐ後に動詞が続く場合，それがbe動詞（are, is, wasなど）なら「どのような状態か」，それ以外なら「どんな方法でするのか」を答えます。ここではdidが続くので，「方法」を選びます。

8

No. 3　解答　2

★：I have a headache, Mom.
☆：Are you OK?
★：I think I have a cold.
1 No, you don't need to.
2 You should go to the doctor.
3 Yes, I can go with you.

★：頭が痛いんだ，お母さん。
☆：だいじょうぶ？
★：風邪をひいたんだと思う。
1 いいえ，する必要はないわ。
2 お医者さんに行ったほうがいいわね。
3 ええ，私もいっしょに行けるわ。

解説 coldは「風邪」という名詞として使われていて，I have a cold. で「風邪をひいている」という意味になります。男の子の発話に対して，「あなたはお医者さんに行ったほうがいいわね」と言っている**2**が正解です。

No. 4　解答　1

★：What a nice hat! Is it new?
☆：Yes, it is.
★：Where did you get it?
1 At the store near our school.
2 I went shopping.
3 Last Sunday.

★：すてきな帽子だね！　新しいの？
☆：ええ，そうよ。
★：どこでそれを買ったの？
1 私たちの学校の近くにあるお店よ。
2 私は買い物に行ったの。
3 先週の日曜日よ。

解説 女の子がかぶっているhat「帽子」について話しています。最後の文の疑問詞Where「どこで」の聞き取りがポイントです。getはbuy「～を買う」と同じ意味で使われているので，女の子が帽子を買った場所を答えている**1**を選びます。

No. 5　解答　2

☆：May I help you?
★：Yes. I'm looking for a T-shirt.
☆：How about this one?
1 It's sunny today.
2 It's cool.
3 It's not mine.

☆：ご用件をお伺いいたしましょうか。
★：はい。Tシャツを探しています。
☆：こちらはどうでしょう？
1 今日は晴れています。
2 かっこいいですね。
3 それはぼくのものではありません。

解説 I'm looking for ～「～を探しています」の後のことばで状況が変わります。my ～ならば探し物についての文になりますが，ここではa ～「1つの～」なので，買いたい物を述べるときの表現になります。How about ～? は「～はどうですか」，this oneはthis T-shirtのことです。

No. 6　解答　1

★：Look at that bird, Lisa.
☆：It's beautiful.
★：Let's take pictures of it.
1 Great idea.
2 You don't have it.
3 It was interesting.

★：あの鳥を見てごらん，リサ。
☆：きれいね。
★：鳥の写真を撮ろうよ。
1 それはいいわね。
2 あなたはそれを持っていないわ。
3 おもしろかったわよ。

解説　Let's ～「いっしょに～しよう」と誘われたときの自然な受け答えが問題です。会話ではGreat［good］idea.のほかに，"Okay." "Sure." "Sounds good［great］." など，いろいろな答え方があります。どれもよく使われる表現です。

No. 7　解答　2

☆：It's already twelve thirty.　I'm hungry, Dan.
★：Me, too.　Then, let's go to my house.
☆：To your house?　Why?
1 I like the coffee shop.
2 I'll make a pizza.
3 No, thank you.

☆：もう12時30分よ。お腹がすいたわ，ダン。
★：ぼくもだよ。じゃあ，ぼくの家に行こうよ。
☆：あなたの家に？　どうして？
1 ぼくはその喫茶店が好きなんだ。
2 ぼくがピザを作るよ。
3 いや，けっこうだよ。

解説　最後の女性のWhy?という発話に対して，男性は自宅に招待している理由を述べることになります。「ピザを作る」と言っている2が正解になります。

No. 8　解答　1

☆：Excuse me.　Where is the post office?
★：It's next to the station.
☆：Thank you.
1 You're welcome.
2 I'm sorry about that.
3 I'll write to you soon.

☆：すみません。郵便局はどこにありますか。
★：駅のとなりにありますよ。
☆：ありがとうございます。
1 どういたしまして。
2 それは申し訳ありません。
3 すぐにあなたに手紙を書きます。

解説　post office「郵便局」がどこにあるかを教えてもらった女性は，Thank you.とお礼を言っています。これに対して，「どういたしまして」と答えるのがYou're welcome.です。next to ～は「～のとなりに」，3のwrite to ～は「～に手紙を書く」という意味です。

No. 9　解答　3

☆：You forgot your handkerchief, Jeff.

★：Thank you, Mom. OK, I'm leaving now.

☆：Have a great day.

1 I'll take it.

2 Not at all.

3 I will.

☆：ハンカチを忘れているわよ，ジェフ。

★：ありがとう，お母さん。では，行ってきます。

☆：いい1日を。

1 それをもらうよ。

2 まったくないよ。

3 そうするよ。

解説　Have a great day. は別れ際のあいさつとしてよく使われます。Thank you.「ありがとう」，You too.「あなたもね」などと応答することが多いですが，ここでは「（あなたに言われたとおりに）します」の意味で I will (have a great day). と言っています。

No. 10　解答　3

☆：Hello, Frank. This is Emma.

★：Hi, Emma.

☆：Let's go to the beach this Sunday.

1 That was fun.

2 Two hours.

3 I'd love to.

☆：もしもし，フランク。エマよ。

★：やあ，エマ。

☆：今度の日曜日に浜辺へ行きましょう。

1 それはおもしろかったよ。

2 2時間だよ。

3 ぜひ行きたいね。

解説　Let's ～「いっしょに～しよう」と誘われたときの応答です。Yes, let's. と同じ意味で "Okay." "Sure." "All right." などいろいろな答え方がありますが，この**3**もその仲間です。元の形は I would love to go ～ですが，ふつう短縮して "I'd love to." の形で使います。

第2部　◀))012～022　★＝男性，☆＝女性

No. 11　解答　4

★：How was your trip to Australia?

☆：It was wonderful. I stayed there for ten days.

★：Did you see any koalas?

☆：Yes. They were very cute.

Question: How long did the girl stay in Australia?

★：オーストラリア旅行はどうだった？

☆：すばらしかったわ。10日間そこに滞在したの。

★：コアラは見たの？

☆：ええ。とてもかわいかったわ。

質問：女の子はオーストラリアにどのくらい滞在しましたか。

1 6日。　　**2** 7日。　　**3** 8日。　　**4** 10日。

解説　How long（「どのくらい長い」あるいは「どのくらい長く～する」）は物や時間の長さをたずねるときに使います。時間の長さにはいろいろな単位があります。year, month, week, day, hour, minute など，どれも大切なことばです。発音と意味を確認しておきましょう。

No. 12　解答　3

☆：What are you doing, Dad?

★：I'm looking for my black hat, but I can't find it.

☆：You usually put it on your desk.

★：Yes, but it wasn't there.

Question: What is the man's problem?

☆：何をしているの，お父さん？

★：黒い帽子を探しているんだけど，見つからないんだ。

☆：いつも机の上に置いているわね。

★：うん，でもそこになかったんだ。

質問：男性の問題は何ですか。

1 彼は帽子を買うのを忘れた。　　**2** 彼は机を買うことができない。
3 彼は帽子を見つけることができない。　　**4** 彼の帽子は大きくない。

解説　「男性の問題は何か」という質問なので，会話の状況を表している文を選びます。実際に聞こえてくる文では，looking for my black hat と言った直後に，I can't find it. と it に置き換えられていることに気をつけましょう。look for ～は「～を探す」の意味です。

No. 13　解答　2

☆：I have a question about the science homework, Mr. Anderson.

★：OK. Please come to the teachers' room after lunch.

☆：All right. Thanks.

★：See you then.

Question: What will the girl do after lunch?

☆：理科の宿題について質問があります，アンダーソン先生。

★：よろしい。昼食後に職員室に来てください。

☆：わかりました。ありがとうございます。

★：それでは，また。

質問：女の子は昼食後に何をしますか。

1 宿題をする。　　**2** 職員室に行く。
3 アンダーソン先生と昼食を食べる。　　**4** アンダーソン先生の授業を受ける。

解説　「女の子は after lunch に何をするのか」が問題です。2度目に聞くとき，after lunch を含む文に集中しましょう。英語では「時を表すことば」は文末に置くのが基本なので，after lunch の前に答えがあります。

No. 14　解答　4

★：Are you listening to the radio, Grandma?

☆：Yes. I like this program.

★：Why?

☆：I can learn a lot about music.

Question: What is the boy's grandmother doing now?

★：ラジオを聞いているの，おばあちゃん？

☆：そうよ。この番組が好きなのよ。

★：なぜなの？

☆：音楽についてたくさん学べるのよ。

質問：男の子のおばあさんは今何をしていますか。

1 友だちに会っている。　　**2** 歌っている。
3 手紙を書いている。　　**4** ラジオを聞いている。

解説　現在進行形〈be動詞＋～ing〉の形の質問です。答えるときには質問と同じ時制を使って She is ～ing（now）. とするのが基本ですが，ここでは She is を省略しています。「ラジオ」のような外来語は英語の発音と異なる場合が多いので，要注意です。

No. 15　解答 1

☆：What are you going to do next Sunday?

★：I'm going to go to a concert of my favorite band.

☆：You're very happy about that, right?

★：Of course.

Question: Why is the boy happy?

☆：今度の日曜日は何をするの？

★：ぼくの大好きなバンドのコンサートに行くんだ。

☆：すごくうれしいでしょうね。

★：もちろん。

質問：男の子はなぜうれしいのですか。

1 彼はコンサートに行くことができる。　　2 彼はギターを演奏できる。
3 彼はバンドに参加する。　　4 彼は友だちに会う。

解説　「男の子が喜んでいるのはなぜ？」という質問。理由を探すとき，特にbecauseやsoのように明らかに理由と結果を表すことばがなければ，その文の前後両方に注意しましょう。ここでは，前の文のgo to a concertが理由になります。

No. 16　解答 2

★：Is that your guitar, Beth?

☆：No, it isn't, Oliver.　It's my sister's.

★：Oh, my brother enjoys playing the guitar, too.

☆：That's nice.

Question: Whose guitar is it?

★：あのギターは君のものかい，ベス？

☆：いいえ，違うわ，オリバー。それは私の姉［妹］のものよ。

★：そう，ぼくの兄［弟］もギターを弾くのを楽しむよ。

☆：それはいいわね。

質問：それはだれのギターですか。

1 ベスのもの。　　2 ベスの姉［妹］のもの。
3 オリバーのもの。　　4 オリバーの兄［弟］のもの。

解説　短い会話の中で4人の人物が出てきます。選択肢にもあるBethとOliverのどちらが男の子でどちらが女の子なのかを特定しましょう。それから，It's my sister's.のmyがだれのことを言っているのかを考えます。sister'sは「姉［妹］のもの」の意味です。

No. 17　解答 2

☆：Can I use your dictionary, Ian?

★：No problem.　It's on my desk.

☆：Thanks.　What are you doing now?

★：I'm moving the bookshelf.

Question: Where is the boy's dictionary?

☆：あなたの辞書を使ってもいい，イアン？

★：いいよ。ぼくの机の上にあるよ。

☆：ありがとう。今何をしているの？

★：本棚を動かしているんだよ。

質問：男の子の辞書はどこにありますか。

1 彼のかばんの中に。　2 机の上に。　　3 本棚に。　　4 図書館に。

解説　話題が前半はdictionary，後半はbookshelfと変わります。こういう場合は質問を聞くまでどちらの内容について問われるのかわかりません。質問は「dictionaryはどこ？」なので，2度目は前半に集中して聞きましょう。

No. 18　解答　4

★：Your T-shirt is nice, Jessica.　Did you just buy it?

☆：No, Daniel.　It was a present from my brother, Fred.

★：Oh, he's very kind.

☆：Yes, he is.

Question: Who gave the T-shirt to Jessica?

★：君のTシャツはすてきだね，ジェシカ。買ったばかりなの？

☆：いいえ，ダニエル。これは兄［弟］のフレッドからのプレゼントだったの。

★：へえ，彼はとてもやさしいね。

☆：ええ，そうよ。

質問：だれがジェシカにTシャツをあげましたか。

1　ダニエル。
2　ダニエルの母親。
3　ジェシカの父親。
4　ジェシカの兄［弟］。

解説　Who「だれが」という疑問詞が主語の質問なので，動詞が過去形gave「あげた」のままになっています。さらに，会話の中ではgiveを使わずにa present from 〜「〜からのプレゼント」と言っている点も重要です。人の名前は発話者2人との関係も含めて確認しましょう。

No. 19　解答　4

★：You have a new teammate, right, Joan?

☆：Yes.　Her name is Rika.　She's from Japan.

★：Really?　Does she play soccer well?

☆：She's a nice goalkeeper.

Question: What are they talking about?

★：新しいチームメートがいるんだって，ジョーン？

☆：ええ。彼女の名前はリカ。日本出身よ。

★：本当？　彼女はサッカーがじょうずなの？

☆：彼女はいいゴールキーパーだわ。

質問：彼らは何について話していますか。

1　男の子のお気に入りの選手。
2　男の子の趣味。
3　女の子のお気に入りのチーム。
4　女の子のチームメイト。

解説　Rikaという女の子についていろいろ述べられますが，質問は「何について話しているのか」なので，全体的な話題を答えます。ここではその女の子が話題です。選択肢にはRikaという名前は見当たりませんので，Rikaの説明として正しいものを選びましょう。

No. 20　解答　3

☆：Hi, Jack.　It's me.　Can you go shopping for some fruit?

★：Hi, Mom.　What should I buy?

☆：Three apples, two oranges, and a lemon.

★：All right.

Question: How many apples will Jack buy?

☆：もしもし，ジャック。私よ。くだものの買い物をしてきてくれる？

★：やあ，お母さん。何を買えばいいの？

☆：リンゴ3つとオレンジ2つとレモン1つよ。

★：わかった。

質問：ジャックはリンゴをいくつ買いますか。

1　1つ。
2　2つ。
3　3つ。
4　4つ。

解説 質問のはじめのHow many apples ～?「いくつのリンゴを～?」が聞き取れれば，答えを選ぶのは難しくないでしょう。電話で名前を名乗るときは，I am ～と言わず，This is ～またはIt's ～と言います。ここでは名前でなくmeと言っています。shouldは「～したほうがいい，～すべきである」の意味です。

第3部 🔊 023〜033

No. 21 解答 2

Amy is on the school baseball team. She hit a homerun in today's game, so she was very happy. She'll have a game at the city stadium next Sunday.

Question: What will Amy do next Sunday?

エイミーは学校の野球チームに入っています。彼女は今日の試合でホームランを打ったので，とてもうれしかったです。彼女は次の日曜日に市のスタジアムで試合があります。

質問：エイミーは次の日曜日に何をしますか。

1 野球チームに入る。
2 市のスタジアムに行く。
3 学校に行く。
4 テレビで野球の試合を見る。

解説 質問のnext Sundayは最後の文に含まれるので，答えもそこにあるはずです。ここではShe'll have a game at the city stadiumが，選択肢ではGo to the city stadium.と言い換えられています。「野球をしにスタジアムに行く」ことが正解となります。

No. 22 解答 3

I usually get on the bus at 8:10. Today, the bus came to the bus stop at 8:40, so I waited for over 30 minutes.

Question: How long did the boy wait for the bus?

ぼくはたいてい8時10分にバスに乗ります。今日，バスが8時40分にバス停に来たので，ぼくは30分以上バスを待ちました。

質問：男の子はどのくらいバスを待ちましたか。

1 10分以上。　　**2** 20分以上。　　**3** 30分以上。　　**4** 60分以上。

解説 時刻や時間に関することばが次々と聞こえます。時刻をたずねるならばWhat time ～?，時間の長さならばHow long ～?を使います。ここでは時間の長さを選びます。wait for the bus「バスを待つ」とfor over 30 minutes「30分間以上」のforの違いにも気をつけましょう。

No. 23　解答　3

My parents will go out tomorrow night. I need to make dinner for my brother. His favorite food is spaghetti, so I'm going to make that.

Question: What will the girl have to do tomorrow night?

私の両親は明日の夜，外出します。私は兄［弟］に夕食を作る必要があります。彼の好きな食べ物はスパゲティなので，それを作るつもりです。

質問：女の子は明日の夜，何をしなければなりませんか。

1 両親といっしょに外出する。　　**2** 食べ物をいくらか買う。

3 兄［弟］に夕食を作る。　　**4** レストランでスパゲティを食べる。

解説　本文のI need to ～「～する必要がある」が質問ではWhat will the girl have to do?「女の子は何をしなければならないか」，本文のmake dinnerが選択肢ではcook dinnerのように言い換えられていることに注意しましょう。似た意味のことばを確認しておくことも大切です。

No. 24　解答　3

OK, everyone. Please bring your rulers next time. We'll use them in the next math class. And remember to do your homework. See you tomorrow.

Question: Who is talking?

それでは，みなさん。次回は定規を持ってきてください。次の数学の授業で使います。そして，宿題を忘れずにしてください。また明日会いましょう。

質問：だれが話していますか。

1 パイロット。　　**2** 医者。　　**3** 先生。　　**4** タクシー運転手。

解説　Who is talking?「話しているのはだれ？」という質問です。everyone, class, homeworkなどのことばから，教室での情景だとわかります。rulerは「ものさし，定規」のことです。remember to ～は「～することを覚えている」，つまり「忘れずに～する」の意味になります。

No. 25　解答　2

Welcome to Green Festival. There will be a singing contest from two o'clock to five o'clock at the stage near the lake. This festival will end at eight p.m.

Question: What time will the singing contest start?

グリーンフェスティバルにようこそ。2時から5時まで湖の近くのステージで歌唱コンテストがあります。このフェスティバルは午後8時に終わります。

質問：歌唱コンテストは何時に始まりますか。

1 1時に。　　**2** 2時に。　　**3** 5時に。　　**4** 8時に。

解説　選択肢から判断して，時刻に集中して聞きましょう。コンテストが始まる時刻が問題ですが，本文ではstartということばが使われていません。There will be a singing contestに続く，from two o'clock to five o'clock「2時から5時まで」から開始時間がわかります。

No. 26 [解答] 2

Yesterday, I went to the art museum in the morning. After lunch, I visited my friend's house and played video games with him.
Question: Where did the boy go yesterday morning?

昨日，ぼくは午前中に美術館に行きました。昼食の後，友だちの家を訪れ，いっしょにテレビゲームをしました。
質問：男の子は昨日の午前中にどこに行きましたか。

1 レストランに。　　**2** 美術館に。　　**3** 友だちの家に。　　**4** 学校に。

[解説]　昨日男の子が行った場所は2か所，the art museum と my friend's house です。質問の最後に yesterday morning「昨日の午前中」とあるので前者を選びます。museum はeにアクセントがあり，日本語の「ミュージアム」とはかなり違う音なので気をつけましょう。

No. 27 [解答] 1

Mark is on a soccer team. His team had a big game last Friday, but he didn't play in it. He was very sad.
Question: Why was Mark sad?

マークはサッカーチームに所属しています。彼のチームは先週の金曜日に大事な試合がありましたが，彼は試合でプレーしませんでした。彼はとても悲しかったです。
質問：なぜマークは悲しかったのですか。

1 彼は試合でプレーしなかった。
2 彼はチームに入ることができなかった。
3 彼のチームは勝たなかった。
4 彼のチームメイトはじょうずにプレーしなかった。

[解説]　Why? と聞かれていますが，本文中では because も so も使われていません。ここでは He was very sad. の前の文に理由を探します。そうすると he didn't play in it. が理由になるとわかります。この it は直前の a big game last Friday「前の金曜日の大きな試合」のことです。

No. 28 [解答] 3

I have three dogs and two cats. I like them very much. Every morning, I walk my dogs in the park. They're part of my family.
Question: How many dogs does the boy have?

ぼくは3匹の犬と2匹の猫を飼っています。ぼくは彼らがとても好きです。毎朝，ぼくは公園で犬を散歩させます。彼らはぼくの家族の一部です。
質問：男の子は何匹の犬を飼っていますか。

1 1匹。　　**2** 2匹。　　**3** 3匹。　　**4** 4匹。

[解説]　選択肢に数字が並んでいるので，本文中に出てくる数に注意して聞きましょう。質問は How many dogs 〜?「何匹の犬を〜」ですから，1文目の最初の部分に答えがあります。「犬を散歩させる」は walk my dog(s) と言います。

Day 2

No. 29　解答　4

Sally went to a department store yesterday. She wanted a black coat or a white one, but they were very expensive. So, she bought a gray one.

Question: What color coat did Sally buy?

サリーは昨日，デパートに行きました。彼女は黒か白のコートがほしかったのですが，それらはとても高価でした。だから，彼女は灰色のものを買いました。

質問：サリーは何色のコートを買いましたか。

1 白いもの。　　　　**2** 黒いもの。　　　　**3** 青いもの。　　　　**4** 灰色のもの。

解説　選択肢はすべて〈a＋色＋one〉の形になっています。このoneはその前の文に出てきたことばを繰り返す代わりに使われることばで，ここではcoatのことです。質問文の中のbuy「買う」が本文の中では過去形のbought「買った」になっていることに気をつけましょう。

No. 30　解答　4

Andrew and I are good friends. He's good at basketball and math. He's also very kind, so everyone in my class likes him very much.

Question: What is the boy talking about?

アンドリューとぼくは仲よしです。彼はバスケットボールと数学が得意です。彼はまたとても親切なので，ぼくのクラスのみんな彼のことが大好きです。

質問：男の子は何について話していますか。

1 彼の数学の先生。　　　　　　　　　　**2** 彼の好きな教科。
3 バスケットボールのチーム。　　　　　**4** 彼のクラスメート。

解説　最初の文の主語Andrew and Iは聞き取りにくいですが，選択肢から，名前自体は重要でないと判断します。その後，Heやhimが連続して出てくるので，ずっと同じ男の子について話しているとわかります。everyone「みんな」は単数扱いなので，動詞はlikesになります。

筆記試験
解答と解説

問題編 p.28～37

1	問題	*1*	*2*	*3*	*4*	*5*	*6*	*7*	*8*	*9*	*10*	*11*	*12*	*13*	*14*	*15*
	解答	4	4	2	2	1	2	3	1	2	3	4	3	4	2	3

2	問題	*16*	*17*	*18*	*19*	*20*
	解答	4	3	1	1	2

3	問題	*21*	*22*	*23*	*24*	*25*
	解答	2	3	4	2	3

4				A		B			C			
	問題	*26*	*27*	*28*	*29*	*30*	*31*	*32*	*33*	*34*	*35*	
	解答	2	2	2	3	4	4	2	1	4	4	

Day 3

1

(1) 解答 **4**
A「朝食には普段，何を食べるの？」
B「普段は**パン**を食べるけど，ごはんを食べることもあるわよ」
1 台所　　　　　　**2** 買い物
3 お金　　　　　　**4** パン
解説　空所に入ることばは，動詞eatの目的語になります。選択肢の中で食べることができるのは，bread「パン」です。

(2) 解答 **4**
A「出かける**用意**はできたの，リサ？」
B「ええ，すぐそっちへ行くわ」
1 速い　　　　　　**2** 元気な
3 長い　　　　　　**4** 用意ができた
解説　readyは「用意ができた」を意味する形容詞で，「～する」が加わると〈be ready to + 動詞の原形〉の形で用いられます。

(3) 解答 **2**
A「明日，パーティーをするんだ。君も**参加**しに来ない？」
B「もちろん」
1 ～を知っている　**2** ～に参加する
3 ～を話す　　　　**4** ～を与える

解説　Will you ～?「～しませんか」は勧誘の表現です。come and join usは「来て私たちに加わる→パーティーに参加する」と考えます。

(4) 解答 **2**
「ジュリアンはテレビを見ることが好きですが，**新聞**もよく読みます」
1 贈り物　　　　　**2** 新聞
3 音楽　　　　　　**4** 映画
解説　but以降の動詞はread(s)「～を読む」で，空所にはその目的語が入ります。読むことができるのは，newspaper「新聞」です。

(5) 解答 **1**
「昨日雨が降ったので，マイクの車は**汚れて**いました。今日，彼は息子といっしょにそれを洗いました」
1 汚れた　　　　　**2** 小さい
3 高価な　　　　　**4** 健康な
解説　「昨日の雨のせいで車が～だった」に合うことばを考えます。続く文のitは車のこと。dirtyの反意語はcleanです。

(6) 解答 **2**

A「キャシー，切手を持ってる？　この手紙を送りたいんだ」

B「いいえ，でも，午後に買いに行ってあげるわよ」

1 電話　**2** 切手　**3** 仕事　**4** 靴

解説　send this letter「この手紙を送る」のに必要なのはstamp(s)「切手」です。go and get ～ は「～を買いに行く」です。

(7) 解答 **3**

A「あなたは速く話しすぎています。もっとゆっくりと話してください」

B「ああ，ごめんなさい。そうします」

1 簡単に　　　　　**2** 冷たく

3 ゆっくりと　　　**4** 早く

解説　前文のtoo fastに注意します。「話すのが速すぎる」ので，もっと「ゆっくり」話してくださいとなります。

(8) 解答 **1**

「私は昨日バスで博物館に行きました。私は博物館の近くのバス停で降りました」

1 （got off で）降りた

2 見た

3 答えた

4 遊んだ

解説　offは「離れて，はずれて」を表すことばです。get offで「（乗り物など）から降りる」，反対はget on「乗る」です。

(9) 解答 **2**

A「駅の近くのレストランを知ってる？」

B「うん。おいしいピザで有名だね」

1 かわいい

2 （be famous for ～ で）～で有名な

3 怒った

4 小さい，少ない

解説　何によってfamous「有名な」なのかはその後にfor ～ と続けることで表します。itsは「その店の」の意味です。

(10) 解答 **3**

「ケイトはこの町が大好きですが，来月彼女は東京へ引っ越します」

1 滞在する

2 ～を置く

3 （move to ～ で）～へ引っ越す

4 ～を捕まえる

解説　move「動く，移動する」にto ～ がつくと移動先を表し，〈人＋move to＋地名〉で日本語の「～へ引っ越す」に当たります。

(11) 解答 **4**

A「どのような種類の和食がお好きですか，スミスさん」

B「天ぷらが好きです」

1 方法

2 色

3 場所

4 （What kind of ～ で）どんな種類の～

解説　Japanese foodは「和食」です。Bが好きな和食を答えています。Aはどんなkind「種類」の和食が好きかをたずねます。

(12) 解答 **3**

A「次のバスケットボールの試合はいつ？」

B「知らないんだ。リード先生に聞いてね」

1 旅行

2 サイズ

3 （have no idea で）知らない，わからない

4 終わり

解説　Aの問いかけについて答えられないときには，「知らないよ」と言うことになります。基本動詞のhaveを用いた表現です。

(13) 解答 **4**

A「昨夜，だれがあなたに電話をしてきたの？」

B「シンディだよ」

解説　Aの発話にlast night「昨夜」とあり，Bも過去形のdidを使っているので，空所には過去形の動詞が入ります。

(14) 解答 **2**

「明日は私の娘の誕生日です。私は彼女にギターをあげるつもりです」

1 彼［彼女］らに　　**2** 彼女に
3 それの　　　　　　**4** 彼女のもの

解説 「人に物をあげる」は〈give ＋ 人 ＋ 物〉の形で，ここでは daughter「娘」を「her」と言い換えます。

(15) 解答 **3**

「オリビアはあの新しい映画よりこの古い映画のほうが好きです」

解説 空所の後に than ～「～より」があることから，ここは比較級が入ります。better は good と well 両方の比較級です。

(16) 解答 **4**

男性「先月スキーに行ったよね。旅行はどうだった？」
女性「それほどじょうずにスキーをできなかったけれど，とても楽しかったわ」

1 どこへ行くつもりなの？
2 いつそこへ行ったの？
3 昨日は何を買ったの？
4 旅行はどうだった？

解説 last month「先月」が話題なので，過去形の文に絞ります。女性が it was a lot of fun と感想を述べています。感想を聞く質問は How was ～?「～はどうでしたか」です。

(17) 解答 **3**

息子「塩を取ってくれない？」
母親「はい，どうぞ」

1 ええ，そうしましょう。
2 ええ，そうよ。
3 はい，どうぞ。
4 どういたしまして。

解説 食卓での対話で，母親が息子に塩を手渡している場面です。Here you are. は「はい，どうぞ」という意味で，Here it is. と言うこともあります。

(18) 解答 **1**

母親「ジェーンはどのくらいの頻度であなたに手紙を書いてくるの？」
息子「月に1度か2度だよ」

1 月に1度か2度だよ。
2 2週間前だよ。
3 すぐに返事を書くよ。
4 数日間だよ。

解説 How often ～?「どれくらいの頻度で～」に対しては，「回数＋期間」を答えます。正解1の once or twice は「1度か2度」，a month は「1か月につき」の意味です。

(19) 解答 **1**

娘「スーパーへ行ってくるね。何か必要なものはある？」
母親「トマトを買ってきてくれる？」
娘「わかったわ，お母さん」

1 何か必要なものはある？
2 私といっしょに来てくれる？
3 トマトは好き？
4 私のスパゲティを食べてみた？

解説 娘が supermarket「スーパーマーケット」へ行こうとしています。母親の Can you get ～?「～を買ってきてくれる？」という発話から，娘は何か買ってくる必要があるかをたずねていることがわかります。

(20) 解答 **2**

男の子「そのテレビ番組はとてもおもしろかったよ」
女の子「ええ。私も楽しんだわ」

1 いいえ，けっこうよ。
2 ええ。私も楽しんだわ。

3 ええ，私はしたわよ。

4 いいえ。それは昨日よ。

解説 男の子は自分が見たTV program「テレビ番組」がおもしろかったと言っていま

す。それについて，I enjoyed it, too.「私も楽しんだ」と感想を述べている**2**が正解です。

3

(21) 解答 **2**

正しい語順 （Did **you** help **your** brother with）his homework?

解説 「～しましたか」という過去形の疑問文なので，Did you ～ で始めます。この後には動詞の原形helpがきます。また，〈help＋人＋with＋物〉の形で「（人）の（物）を手伝う」という意味になります。

(22) 解答 **3**

正しい語順 This（is **my** first visit to Kyoto）.

解説 This「これ（＝今回の訪問）」is ... と文を始めます。「京都（への）訪問」はa visit to Kyotoですが，my first「私の最初の」を冠詞aの代わりに置けば完成です。

(23) 解答 **4**

正しい語順 I had（no **time** to **do** my homework）last night.

解説 「～する時間がなかった」は「～するゼロの時間があった」と考え，had no time

to ～で表します。「宿題をする」はdo one's homeworkです。

(24) 解答 **2**

正しい語順 How（many **monkeys** does **this** zoo have）?

解説 英語で数量をたずねるときは，数なら How many，量なら How much の2種類が基本です。「サルは何匹」は How many monkeys「何匹のサル」とまとめて文頭に置きます。「いる」はhaveで表します。

(25) 解答 **3**

正しい語順 （Speaking **English** isn't **easy** for）me.

解説 Speaking English「英語を話すこと」が主語になります。動詞のspeakに～ingをつけてspeakingとすると「～を話すこと」の意味になり，主語として用いることができます。forは文末のmeとつながり，「私にとって」となります。

4A

全訳

ベイズ高校のブックフェア

古本を1冊100円で販売します。
友だちを連れて来てください！
日付：11月21日
時間：午後3時－午後5時
場所：学校の図書館
図書館は，古い本の売上金を新しい本の購

入に使う予定です。
詳しくは，学校の事務室に行くかまたはスミス先生におたずねください。

(26) 解答 **2**

「ブックフェアはどこで行われますか」
1 スミス先生の家で。
2 学校の図書館で。
3 学校の事務室で。

4 カフェテリアで。

解説 book fair「ブックフェア，書籍市」がどこで行われるかは，Place「場所」の部分にSchool Library「学校の図書館」と書かれています。**3**のschool office「学校の事務室」は，more information「もっと詳しい情報」を知りたい人が行く場所です。

(27) 解答 2

「図書館はそのお金を使って」

1 学校を掃除する。
2 新しい本を買う。
3 スミス先生にプレゼントを買う。
4 学校の事務室を建てる。

解説 質問のthe moneyは，掲示にあるthe money from the old books「古い本から得たお金」，つまり「本の売上金」です。このお金を，to buy new booksのために使うと書かれています。正解の**2**では，buyの代わりにgetが使われています。

4B

全訳
差出人：ジェーン・スミス
受取人：ルーシー・ウィルソン
日付：3月6日
件名：メアリーのお見舞い

こんにちは，ルーシー，
メアリーことを聞いた？　入院しているのよ。彼女のお母さんが，昨日私に電話をしてきたの。メアリーは足を骨折しているんだけど，とても元気でやっているって。明日の放課後，病院へメアリーのお見舞いに行こうと思っているの。いっしょに行かない？　明日，学校へカードを持って行くわ。みんながそこにメアリーにメッセージを書けるようにね。
それじゃ，
ジェーン

差出人：ルーシー・ウィルソン
受取人：ジェーン・スミス
日付：3月6日
件名：いい考えね

こんにちは，ジェーン，
明日はテニスの練習がないから，あなたといっしょにメアリーのお見舞いに行けるわよ。カードを持って行くのはいい考えね。それと，花も持って行きたいわ。病院へ行く前に，花屋に寄りましょうよ。学校にお金を持って行くわ。
それじゃ，
ルーシー

(28) 解答 2

「メアリーは今どこにいますか」
1 学校に。　　　　**2** 病院に。
3 ルーシーの家に。　**4** ジェーンの家に。

解説 最初のEメールの1文目のDid you hear about Mary?に続き，She is in the hospital.とあります。hospitalは「病院」で，「メアリーは病院にいる」，つまり入院中であることがわかります。

(29) 解答 3

「ジェーンは明日の放課後，何をしたいと思っていますか」
1 カードを買う。
2 ルーシーといっしょに勉強をする。
3 メアリーを見舞う。
4 花の絵を描く。

解説 ジェーンがafter school tomorrow「明日の放課後」に何をしたいかについては，最初のEメールの5文目に，I'm going to visit her in the hospital ...とあります。visit ～ in the hospitalは「病院にいる～を見舞う」ということです。

(30) 解答 **4**

「ルーシーは明日学校へ何を持って行きますか」

1 カード。　　　**2** テニスのラケット。
3 花。　　　　　**4** お金。

解説　質問文の主語がLucyなので，ルーシ

ーが書いた2番目のEメールを見ます。最後に I'll bring some money to school. とあるので，**4**が正解です。**1**のcardを学校へ持ってくるのはジェーンです。**3**のflowersは放課後に flower shop「花屋」で買うものです。

4C

全訳

マリの初めての感謝祭

　マリは中学生です。両親，兄，姉といっしょに，東京で暮らしています。マリのおじいさんはアメリカ人で，おばあさんは日本人です。
　昨年の11月，マリは祖父母のところで1週間泊まるために，シカゴへ行きました。マリが空港へ到着すると，おじいさんがマリを待っていました。おじいさんはにっこり笑って，「ようこそシカゴへ！」と言いました。空港がとても混み合っていたので，マリは驚きました。感謝祭の休日の前の日だったので，多くの人が旅行をしていたのです。
　その次の日，マリと祖父母は感謝祭の豪華な夕食を食べました。食べ物がたくさんありました。マリのおじいさんは彼女に，大きな肉をあげました。それは七面鳥でした。「おいしい！」とマリは言いました。旅行の間に，マリは感謝祭の特売をやっているところへ買い物にも行きました。お父さんにTシャツ，お母さんに本，お兄さんにはバスケットボール，そしてお姉さんにはCDを買いました。マリは感謝祭がとても気に入り，いつか日本で感謝祭の日においしい夕食を楽しみたいと思っています。

(31) 解答 **4**

「何人の人がマリといっしょに暮らしていますか」

1 1人。　　　**2** 2人。
3 3人。　　　**4** 4人。

解説　質問の How many people は「何人の人」という意味です。第1段落の2文目に，She lives ... with her parents and an older brother and a sister. とあります。parents「両親」と兄と姉の4人といっしょに住んでいます。

(32) 解答 **2**

「マリは昨年の11月に何をしましたか」

1 彼女はおばあさんに日本語を教えた。
2 彼女は祖父母のところへ行った。
3 彼女はシカゴで友だちに会った。
4 彼女は1週間英語を勉強した。

解説　第2段落の1文目に，Last November, Mari went to Chicago to stay with her grandparents ... とあります。stay with 〜 は「〜のところに泊まる」で，これを visited という動詞で置き換えている**2**が正解です。

(33) 解答 **1**

「マリはなぜ空港で驚いたのですか」

1 そこにたくさんの人がいた。
2 おじいさんがそこにいた。
3 初めてシカゴを訪れた。
4 人々が感謝祭のことを知らなかった。

解説　第2段落の4文目に Mari was surprised とあり，その理由が because 以下で説明されています。the airport was very busy の busy は「混雑している」という意味で，それを「人がたくさんいた」と言い換えているのが**1**です。

(34) 解答 4

「マリは感謝祭に何をしましたか」
1 彼女はたくさんの食べ物を作った。
2 彼女は本を読んだ。
3 彼女はたくさんの食べ物を買った。
4 彼女は特別な夕食で肉を食べた。

解説 第3段落にThanksgivinig「感謝祭」当日のことが書かれています。その3, 4文目に, Mari's grandfather gave her a big piece of meat. It was turkey. とあり, その後でマリは "It's delicious!" と言っているので, 七面鳥を食べたことがわかります。

(35) 解答 4

「マリは」
1 兄にTシャツを買った。
2 母親にかばんを買った。
3 友だちにバスケットボールを買った。
4 姉にCDを買った。

解説 最後から2番目の文にマリが彼女の家族に買ったお土産が出ています。「だれに何を買った」かを正確に読み取ります。試験のときには, 問題用紙の英文と選択肢をよく読んで, 筆記用具で印をつけておくとよいでしょう。

リスニングテスト
解答と解説

問題編 p.40〜43

第1部	問題	*1*	*2*	*3*	*4*	*5*	*6*	*7*	*8*	*9*	*10*
	解答	1	3	2	1	2	3	2	2	3	2

第2部	問題	*11*	*12*	*13*	*14*	*15*	*16*	*17*	*18*	*19*	*20*
	解答	3	3	3	3	1	2	3	4	2	2

第3部	問題	*21*	*22*	*23*	*24*	*25*	*26*	*27*	*28*	*29*	*30*
	解答	1	4	3	3	2	2	3	3	2	4

第1部　◀))034〜044　★＝男性, ☆＝女性

No. 1　解答 **1**

☆：Are you going to use your bike this Sunday?
★：No. Why?
☆：I'd like to use it.
1 Of course.
2 I hope so.
3 Thanks a lot.

☆：今度の日曜日にあなたは自転車を使う予定？
★：ううん。なぜだい？
☆：私はそれを使いたいの。
1 もちろん, いいよ。
2 そうだといいね。
3 どうもありがとう。

解説　「自転車を使う？　私が使いたいんだけど」は, 話の流れから「使ってもいい？」と聞かれたのと同じであると判断します。Yes. の代わりに, もっと強いOf course.「もちろん」と答えます。Thanks a lot. は Thank you very much. とほぼ同じ意味を表します。

No. 2　解答 **3**

★：We should go home now, Karen.
☆：Oh, why?
★：It's going to rain soon.
1 Yes, I do.
2 Near the station.
3 OK. Let's go.

★：ぼくたちはもう家に帰ったほうがいいね, カレン。
☆：あら, なぜ？
★：すぐに雨が降ってきそうだよ。
1 はい, 私はします。
2 駅の近くよ。
3 わかったわ。行きましょう。

解説　should は「〜したほうがいい」を表します。rain「雨（が降る）」, soon「まもなく」を聞き取るのが重要です。It's going to ... の主語 It は天候を表します。その後の to rain を train と混同しないようにしましょう。

No. 3　解答 **2**

☆：Mr. Brown, are you busy?
★：No. What is it, Nancy?
☆：Can you help me with this question?
1 Yes, I can play it.
2 OK. Show it to me.
3 I have one, too.

☆：ブラウン先生，忙しいですか。
★：いいや。何だい，ナンシー？
☆：この問題を手伝ってくれませんか。
1 うん，私はそれを弾くことができるよ。
2 いいよ。それを見せてごらん。
3 私も1つ持っているよ。

解説　Can you ～?は「～してくれませんか」の意味で，何かをしてくれるように頼むときに使います。これに対して，OK.「いいよ」と答えている**2**が正解です。〈show＋物＋to＋人〉は，「（物）を（人）に見せる」です。このitはthis question「この質問」です。

No. 4　解答 **1**

☆：Hello, my name is Jane Smith.
★：Hello, I'm Ben Williams.
☆：Are you a new student?
1 Yes, I'm from Canada.
2 I'll teach you.
3 He's my teacher.

☆：こんにちは，私の名前はジェーン・スミスよ。
★：こんにちは，ぼくはベン・ウィリアムズだよ。
☆：あなたは新入生なの？
1 うん，カナダから来たんだ。
2 ぼくが君に教えてあげるよ。
3 彼はぼくの先生だよ。

解説　初対面の2人が自己紹介をしている場面です。Are you ～?「あなたは～ですか」に対しては，Yes / Noで答えるのが原則です。正解の**1**では，Yesの後に，I'm from ～.「私は～の出身です」をつけ加えています。

No. 5　解答 **2**

★：What are you doing, Anne?
☆：I'm looking at pictures from my school trip.
★：That sounds fun. Can I see them?
1 Here's your book.
2 Sure. Here you are.
3 Thank you very much.

★：何をしているんだい，アン？
☆：修学旅行の写真を見ているの。
★：楽しそうだね。見てもいいかい？
1 はい，あなたの本よ。
2 もちろんよ。はい，どうぞ。
3 どうもありがとう。

解説　school trip「修学旅行，学校の遠足」の写真を見ている女の子に父親がCan I see them?「見てもいい？」と許可を求めています。娘はYes.の代わりにSure.と答え，手渡しながらHere you are.と続けると考えるのが自然です。選択肢**1**のHere's ～も手渡すときの表現です。

No. 6　解答 3

☆：Hi, Luis.
★：Hi, Grandma, I'm home.
☆：How do you like your new soccer club?
1 By train.
2 About twenty minutes.
3 I love it.

☆：あら，ルイス。
★：やあ，おばあちゃん，ただいま。
☆：新しいサッカークラブはどう？
1 電車でだよ。
2 約20分だよ。
3 気に入っているよ。

解説　How do you like ～?は感想をたずねるときに使われる表現で，「あなたはどのように～が好きですか［～をどう思いますか］」の意味です。よく使うのでこのままの形で覚えておきましょう。I love it.以外にも "I like it very much." "It's OK." "Not bad." などと答えます。

No. 7　解答 2

☆：Where are you going, Tyler?
★：To the library.
☆：When will you come home?
1 I often go there.
2 Around five.
3 Thanks a lot.

☆：どこへ行くの，タイラー？
★：図書館だよ。
☆：いつ帰ってくるの？
1 ぼくはよくそこへ行くんだ。
2 5時ごろだよ。
3 どうもありがとう。

解説　最後の質問の疑問詞When を聞き逃さないようにします。library「図書館」からいつ戻ってくるかを聞いているので，具体的に時間を答えている**2**が正解です。**2**のaroundはaboutとほぼ同じ意味で，「だいたい～」ということです。

No. 8　解答 2

★：Sophie, do you want to go swimming this Sunday?
☆：Sorry, Luke. I have to visit my uncle.
★：How about next weekend?
1 It's sunny.
2 That's fine.
3 It starts at four.

★：ソフィー，今週の日曜日に泳ぎに行かない？
☆：ごめんね，ルーク。おじさんのところへ行かなくちゃならないの。
★：来週末はどう？
1 晴れよ。
2 それならだいじょうぶよ。
3 それは4時に始まるわ。

解説　ソフィーがthis Sunday「今週の日曜日」の都合がつかないということがわかったので，ルークはHow about ～?「～はどうですか」と別の日を提案しています。正解の**2**のThat's fine.は，「それ（来週末）ならだいじょうぶよ」ということです。

No. 9　解答 3

★：May I help you?
☆：Yes. I'm looking for shoes.
★：What kind of shoes do you want?
1　Yes. I like them.
2　Thank you.
3　**Running shoes.**

★：ご用件をお伺いいたしましょうか。
☆：はい。くつを探しています。
★：どのような種類のくつがよろしいのですか。
1　はい。それらを気に入っています。
2　ありがとう。
3　ランニングシューズです。

解説　店員にほしい物を伝えるときはI'm looking for ～「～を探しています」という表現が便利です。ここでのkindは「種類」の意味の名詞で，What kind of ～?「どんな種類の～」の形でたずねることがあります。よく出てくるので覚えておきましょう。

No. 10　解答 2

★：Hello.
☆：Hello.   This is Claire.   Can I speak to Lucy?
★：Sorry, she's out now.
1　No, she wasn't.
2　**I'll call her later, then.**
3　Find it, please.

★：もしもし。
☆：もしもし。クレアです。ルーシーとお話しできますか。
★：ごめんなさい，彼女は今，外出しているんだ。
1　いいえ，彼女はそうではありませんでした。
2　それでは，後で彼女に電話します。
3　それを見つけてください。

解説　Can I speak to ～?はMay I speak to ～?と同様，話したい相手を伝えるときのていねいな表現です。she's out now「外出中です」と言われたときの答え方を選びます。thenは文のはじめや終わりにコンマをつけて用いられると，「それでは，じゃあ」を表します。

第2部　🔊045～055　★＝男性，☆＝女性

No. 11　解答 3

☆：You have a big volleyball game next month, right?
★：Yes. We practiced for four hours yesterday.
☆：Do you often have long practices?
★：We usually practice for two hours.
Question: How long did the boy practice volleyball yesterday?

☆：あなたは来月に大きなバレーボールの試合があるのよね？
★：うん。昨日ぼくらは4時間練習したよ。
☆：よく長い練習があるの？
★：普段は2時間練習するよ。
質問：男の子は昨日どのくらいバレーボールを練習しましたか。

1　2時間。　　　2　3時間。　　　3　4時間。　　　4　5時間。

解説 選択肢にはhour(s) という単語が並んでいます。意味は「時間(＝60分)」ですが，語頭のhは読まないので, ours という語と同じ発音になります。また, for two hours のfor は「～の間」を表すことばです。「4」を表すfour と混同しないようにしましょう。

No. 12 **解答** 4

★：Are you studying, Olivia? I'm going to go shopping now.

☆：I want to go with you, Dad.

★：All right. Are you ready?

☆：Please wait a minute.

Question: What will the girl do?

★：勉強をしているのかい，オリビア？今から買い物に行くつもりなんだ。

☆：いっしょに行きたいわ，お父さん。

★：わかった。準備はいいのかい？

☆：少し待って。

質問：女の子は何をしますか。

1 テストのために勉強する。　　**2** おじの家を訪問する。
3 家族と夕食を食べる。　　　　**4** 父親と買い物に行く。

解説 女の子の最初の発話の文末で，男性にDad と呼びかけていることから，2人が父と娘であることがわかります。父親からgo shopping の予定だと聞いて，娘がI want to go with you「いっしょに行きたい」と言っているので，それらをまとめた**4**を選びます。

No. 13 **解答** 3

☆：I'll make stew or curry for dinner.

★：I want to eat stew. I like white stew the best.

☆：OK. I'll make that.

★：Thank you.

Question: What will the girl make for dinner?

☆：夕食にシチューかカレーを作るつもりよ。

★：ぼくはシチューが食べたいな。ぼくはホワイトシチューがいちばん好きなんだ。

☆：わかったわ。それを作ることにするわ。

★：ありがとう。

質問：女の子は夕食に何を作りますか。

1 カレー。　　　　　　　　　　**2** ビーフシチュー。
3 ホワイトシチュー。　　　　　**4** トマトスープ。

解説 話題は夕食の献立で，選択肢はすべて料理の名前です。OK. I'll make that. と女の子が言う直前に話題に上った料理が，彼女が作ると決めたものです。料理名はどれも日本語でもなじみがありますが，日本語の音とは異なります。特にstew の発音には注意しましょう。

No. 14 **解答** 3

★：Hi, Mom. I'll bring my friend Bob to our house today.

☆：OK, Sam.

★：Can you get an apple pie for us?

☆：Of course.

Question: Who is Bob?

★：ああ，お母さん。今日，友だちのボブを家に連れて行くよ。

☆：わかったわ，サム。

★：ぼくたちにアップルパイを買ってくれる？

☆：もちろんよ。

質問：ボブとはだれですか。

1 サムの先生。　　**2** サムの兄[弟]。　　**3** サムの友だち。　　**4** サムの父親。

最初にBobという名前が登場します。その際，男の子は "my friend Bob" と言っています。このように「友だちのBob」の「の」を英語に直す必要はありません。bringは「～を持って行く，連れて行く」，Can you ～? は「～してくれる？」の意味です。

No. 15 解答 1

☆: Where can I buy a girls' bag?
★: They're on the third floor.
☆: Can I buy a sweater on the same floor?
★: No, they're on the sixth floor.
Question: Where can the girl buy a girls' bag?

☆: 女の子用のかばんはどこで買えますか。
★: それらは3階にあります。
☆: 同じ階でセーターも買えますか。
★: いいえ，それらは6階にあります。
質問: 女の子はどこで女の子用のかばんを買えますか。

1 3階で。　　**2** 4階で。　　**3** 5階で。　　**4** 6階で。

解説 on the ～ floor「～階に［で］」という表現が何度も出てきます。～の部分には順序を表すことばが入ります。one, two, three, fourではなく，first, second, third, fourthの形です。質問は女の子の最初の発話とほぼ同じなので，それに対する店員の返答が答えです。

No. 16 解答 2

☆: You don't look happy, Jimmy.
★: Hi, Maria. I got a bad grade on the history test.
☆: You'll do better next time.
★: I hope so.
Question: Why is the boy sad?

☆: うれしそうじゃないわね，ジミー。
★: やあ，マリア。歴史のテストの成績が悪かったんだ。
☆: 次はもっとうまくやれるわよ。
★: そうだといいね。
質問: なぜ男の子は悲しいのですか。

1 彼はひどい風邪をひいていた。　　**2** 彼は悪い成績を取った。
3 彼はテストを受けなかった。　　**4** 彼は家で勉強しなかった。

解説 最初のYou don't look happy「うれしそうに見えない」が，質問文ではsad「悲しい」と言い換えられています。その理由を男の子がI got a bad grade on the history test. と説明しています。I hope so. は「そうなることを望む」の意味です。

No. 17 解答 3

☆: Can I use your computer, Ted?
★: Is your computer broken?
☆: Yes, it is.
★: OK, but I'll use it from 3 o'clock.
Question: What is the woman's problem?

☆: あなたのコンピューターを使ってもいい，テッド？
★: 君のコンピューターは壊れているの？
☆: そうなの。
★: わかった，でもぼくは3時からそれを使うよ。
質問: 女性の問題は何ですか。

1 彼女はテレビを見ることができない。　　**2** 彼女は具合が悪い。
3 彼女のコンピューターは壊れている。　　**4** テッドが彼女のコンピューターを壊した。

女性の抱えるproblem「困ったこと」を選びます。Is your computer broken? と聞かれて Yes ... とはっきり答えているので答えは明快です。Can I ～?「私は～ができますか」は「～してもいいですか」と許可を求めるときにも使います。

No. 18 解答 4

★：Is that blue car yours, Ms. Lee?

☆：No, Tony. That's Mr. Jackson's.

★：Which one is yours?

☆：It's the red one.

Question: Whose car is red?

★：あの青い車はあなたのですか，リー先生。

☆：違うわ，トニー。あれはジャクソン先生のよ。

★：どれがあなたのですか。

☆：赤いのよ。

質問：だれの車が赤いですか。

1 トニーの父親のもの。　　　　**2** トニーの母親のもの。

3 ジャクソン先生のもの。　　　**4** リー先生のもの。

Whose car「だれの車」が赤いのかが問題です。人の名前が何人も出てくるので，整理しながら聞きましょう。名字の前にMr.がつくと男性，Ms.やMrs.だと女性です。carということばの繰り返しを避けるために，your carがyours，Which carがWhich oneとなっています。

No. 19 解答 2

★：It's hot today! I like summer.

☆：Really? I don't like this hot weather.

★：Do you like winter?

☆：No. I like spring.

Question: What are they talking about?

★：今日は暑いね！　ぼくは夏が好きだな。

☆：本当？　私はこの暑い天気が好きではないわ。

★：君は冬が好きなの？

☆：いいえ。私は春が好きよ。

質問：彼らは何について話していますか。

1 男の子の休暇。

2 彼らの好きな季節。

3 ウインタースポーツ。

4 女の子の大好きなバンド。

What are they talking about? という質問には，この会話全体の話題を答えます。天候に始まって，夏，冬，春が話題に上り，動詞のlikeが4回も出てきます。つまり，「季節」と「好き」がポイントです。選択肢では，形容詞favoriteが動詞likeの代わりに使われています。

No. 20 解答 2

☆：Our city has a lot of parks.　Did you know that?
★：No, I didn't.
☆：There're eleven.
★：Really?　That's great.
Question: How many parks does their city have?

☆：私たちの市にはたくさんの公園があるのよ。そのことを知っていた？
★：いや，知らなかったよ。
☆：11あるのよ。
★：本当？　それはすごいね。
質問：彼らの市にはいくつの公園がありますか。

1 10。　　　　　　**2** 11。　　　　　　**3** 12。　　　　　　**4** 20。

解説 選択肢がすべて数なので，質問がHow many 〜「いくつの」であろうと予測できます。数を表すことばはよく出題されます。それぞれの数のつづりを確認しておきましょう。また，「…には〜がある」は〈There are 〜 in ...〉と〈... has 〜〉の2つの表し方があります。

Day
4

第3部 🔊 056〜066

No. 21 解答 1

Good morning, everyone.　Did you enjoy your vacation?　Today, we have a new student from Canada.　His name is Eric.　He likes playing ice hockey.
Question: Who is talking?

おはようございます，みなさん。休暇は楽しみましたか。今日は，カナダからの新しい生徒がいます。彼の名前はエリックです。彼はアイスホッケーをすることが好きです。
質問：だれが話していますか。

1 先生。　　　　　　**2** 看護師。　　　　　　**3** ウェイター。　　　　　　**4** 警察官。

解説 朝のあいさつから始まって，新しい生徒の紹介をしています。studentにnewがついていることから，聞き手の側もstudentsだろうと推測できます。場面は学校や教室です。

No. 22 解答 4

I have science class on Mondays.　We'll use vegetables next Monday, so I'm going to bring some potatoes and carrots to class on that day.
Question: What will the girl do next Monday?

私は毎週月曜日に理科の授業があります。次の月曜日には野菜を使うので，私はその日ジャガイモとニンジンを授業に持って行くことになっています。
質問：女の子は次の月曜日に何をしますか。

1 ジャガイモを料理する。　　　　　　**2** 理科の宿題をする。
3 昼食に野菜を食べる。　　　　　　**4** 授業に野菜を持って行く。

解説 potatoes and carrotsが話題として出てきますが，あくまでも science class「理科の授業」の話です。料理したり食べたりするためではなく，実験か観察に使うのでしょう。選択肢はややまぎらわしいので，ていねいに照らし合わせながら聞くようにしましょう。

No. 23　解答　3

There's a college near my house. It's old and famous, so a lot of students want to go there. My brother also hopes to study science there.

Question: What is the boy talking about?

ぼくの家の近くに大学があります。そこは古く，有名なので，多くの生徒がそこに通いたがっています。ぼくの兄［弟］もそこで科学の勉強をすることを望んでいます。

質問：男の子は何について話していますか。

1 美術館。

2 図書館。

3 大学。

4 理科クラブ。

解説　選択肢には場所や建物を表すことばが並んでいますが，質問はWhere？ではなく，男の子が話しているのは何についてか，です。最初の文で話題になったcollegeが，次の文でItになり，その後2回繰り返されるthere「そこへ，そこで」もat the collegeのことです。

No. 24　解答　3

Susan lost her bike key yesterday. She looked for it in her room, but she couldn't find it. Today, she found it in the kitchen.

Question: Where did Susan find her bike key?

スーザンは昨日，自転車のカギをなくしてしまいました。彼女は自分の部屋でそれを探しましたが，見つけることができませんでした。今日，彼女は台所でそれを見つけました。

質問：スーザンは自転車のカギをどこで見つけましたか。

1 彼女の部屋で。

2 庭で。

3 台所で。

4 彼女の両親の部屋で。

解説　家の場所を表すことばが選択肢です。Where did Susan find her bike key？「どこで自転車のカギを見つけたか」が質問なので，見つかった場所を答えます。findの過去形foundが含まれる文に答えがあります。look for 〜 は「〜を探す」，lostはloseの過去形です。

No. 25　解答　2

Aaron got a good grade on his math test, so his mother made cookies for him. He was very happy because he likes his mother's cookies.

Question: Why was Aaron happy?

アーロンは数学のテストでいい成績を取ったので，母親は彼のためにクッキーを作りました。彼は母親のクッキーが好きなので，とてもうれしかったです。

質問：アーロンはなぜうれしかったのですか。

1 彼は理科を勉強できた。

2 彼はクッキーが食べられた。

3 彼はクッキーを作れた。

4 彼はテストを受けられた。

解説　becauseは理由を述べるときに使う接続詞なので，he was very happyの理由はbecauseの後にあります。前半では，「アーロンが数学のテストでいい成績を取った」ので，母親がクッキーを作ったと述べています。

No. 26　解答 2

I went shopping with my friend yesterday. I bought twelve doughnuts for my family. We ate them after dinner, and they were so delicious.

Question: How many doughnuts did the girl buy?

私は昨日，友だちと買い物に行きました。私は家族のためにドーナツを12個買いました。私たちは夕食後にそれらを食べ，とてもおいしかったです。

質問：女の子はドーナツをいくつ買いましたか。

1 8個。　　　　**2** 12個。　　　　**3** 15個。　　　　**4** 20個。

解説　選択肢はどれも数字です。質問はHow many ～s ...?だろうと推測し，数に注意して聞きましょう。昨日の話なので動詞は過去形です。話題が「ドーナツ」ですから，eatの過去形ateという単語も交じってきます。数字のeightと混同しないようにしましょう。

No. 27　解答 3

Emi has a cousin in Osaka. She'll visit him next month. He likes animals, so she's going to bring him a book about animals.

Question: Who likes animals?

エミには大阪にいとこがいます。来月，彼を訪問します。彼は動物が好きなので，彼女は彼に動物についての本を持って行くつもりです。

質問：だれが動物を好きですか。

1 エミの兄［弟］。　　　　**2** エミの祖父母。
3 エミのいとこ。　　　　**4** エミのクラスメート。

解説　いとこ，大阪，動物，本など，いろいろな情報が聞こえてきますが，質問は「だれが」です。この文章の中では，エミのいとこ以外に人は登場しませんので，選択肢にまどわされずに**3**を選びます。cousinの発音とつづりも確認しておきましょう。

No. 28　解答 3

Lily went to a restaurant. She wanted to try the ham and pineapple pizza or the lemon pie, but the cheeseburgers looked very delicious, so she had one of those.

Question: What did she eat?

リリーはレストランに行きました。彼女はハムとパイナップルのピザかレモンパイを食べてみたかったのですが，チーズバーガーがとてもおいしそうに見えたので，彼女はそれを1つ食べました。

質問：彼女は何を食べましたか。

1 ピザ。　　　　**2** レモンパイ。
3 チーズバーガー。　　　　**4** ステーキ。

解説　レストランに行ったと言った後，次々と食べ物の名前が聞こえてきます。What did she eat?「何を食べたのか」が問題です。話の最後にso she had one of those.「だからそれを1つ食べた（those = cheeseburgers）」とあるので，その食べ物が答えです。

No. 29　解答　2

I'll go to England next month.　I'll stay there for two weeks.　I want to go to famous museums and watch soccer games.

Question: How long will the man stay in England?

来月，私はイングランドに行きます。2週間そこに滞在します。有名な博物館に行ったり，サッカーの試合を見てみたいです。

質問：男性はどのくらいイングランドに滞在しますか。

1 1週間。　　　　**2** 2週間。　　　　**3** 3週間。　　　　**4** 1か月。

解説　選択肢には期間を表すことばが並びます。これをヒントにしながら聞きましょう。男性は旅行の行き先の次に期間を述べています。I'll stay there for ...の文です。このthereはin Englandのことです。選択肢にはfor「（〜）の間」が省略されています。

No. 30　解答　4

Thank you for shopping at our store.　We're having a sale today on meat and eggs.　The sale on meat starts at 3 p.m.

Question: Where is the woman talking?

当店でお買い物いただきまして，ありがとうございます。本日は肉と卵のセールを行っております。肉のセールは午後3時に始まります。

質問：女性はどこで話していますか。

1 映画館で。　　　　　　　　　　　**2** 学校で。
3 郵便局で。　　　　　　　　　　　**4** スーパーマーケットで。

解説　女性が話している場所を選びます。最初の文にshopping at our storeとあるので，何かの店であろうと想像できます。肉などの物を売っているのはsupermarketだけです。日本語では短く「スーパー」と言いますが，英語では省略しません。

筆記試験&リスニングテスト
解答と解説

問題編 p.46〜59

筆記

1

問題	1	2	3	4	5	6	7	8	9	10	11	12	13	14	15
解答	2	1	2	3	4	2	4	2	1	1	2	1	3	2	2

2

問題	16	17	18	19	20
解答	2	2	3	4	4

3

問題	21	22	23	24	25
解答	2	1	3	1	3

4

			A		B			C		
問題	26	27	28	29	30	31	32	33	34	35
解答	3	1	1	2	4	3	2	3	1	4

Day 5

リスニング

第1部

問題	1	2	3	4	5	6	7	8	9	10
解答	1	3	3	3	1	2	1	3	3	2

第2部

問題	11	12	13	14	15	16	17	18	19	20
解答	4	3	1	2	3	2	4	2	3	3

第3部

問題	21	22	23	24	25	26	27	28	29	30
解答	3	3	2	2	4	3	4	2	2	3

1

(1) 解答 **2**

「私の兄[弟]は写真を撮ることが好きです。彼はいつも自分のカメラを持ち歩いています」

1 〜を見る　　　　**2** 〜を持ち歩く
3 〜を切る　　　　**4** 〜を描く

解説　taking photosは「写真を撮ること」です。carryは「〜を持ち歩く，運ぶ」で，with himで「身につけて」を表します。

(2) 解答 **1**

「私は，その男性は3つの国に家を持っているので裕福だと思います」

1 裕福な　　　　**2** 背の高い

3 空腹の　　　　**4** 悲しい

解説　becauseから後がヒントです。「3か国に家がある」を根拠に考えられるのはrich「金持ちの，裕福な」が適切です。

(3) 解答 **2**

A「クリスマス休暇には何をするつもりなの？」
B「家族といっしょにカナダへ行くんだ」

1 プレゼント　　　　**2** 休暇
3 夕食　　　　　　　**4** 教会

解説　during「〜の間に」があるので，後には時を表す表現がくることが推測できます。holidaysは複数形で「休暇」を表します。

37

(4) 解答 **3**

A「ビルに電話をしたいの。彼の電話番号を知ってる？」

B「うん，知ってるよ」

1 答え　2 場所　3 番号　4 家

解説 callは「〜に電話する」という意味の動詞として使われています。phone number で「電話番号」です。

(5) 解答 **4**

A「もう少し食べる，トム？」

B「いいえ，ありがとう。お腹がいっぱいなんだ」

1 間違った　　　　2 有名な

3 かわいい　　　　4 お腹がいっぱいで

解説 Do you want to eat 〜?「〜を食べたいですか」にBはNoと答えています。理由として適切なのはfull「お腹がいっぱいで」です。

(6) 解答 **2**

A「学校でいちばん好きな教科は何，ディーン？」

B「数学がいちばん好きだね」

1 質問　2 教科　3 部屋　4 考え

解説 BのI like math the best.から，Aはいちばん好きなsubject「教科」をたずねていることがわかります。

(7) 解答 **4**

A「いつアメリカから戻ってきたの？」

B「3年前だよ」

1 離れて　　　　　2 〜の上に

3 遅れて　　　　　4 〜前に

解説 AはWhen did you 〜?という形で，過去のことをたずねています。agoは「（今から）〜前に」で，過去形に用います。

(8) 解答 **2**

A「お皿を洗おうか？」

B「いいえ，その必要はないわ。くつろいでいて」

1 言う

2 （don't have to 〜 で）〜する必要はない

3 〜を変える

4 〜を使う

解説 Shall I 〜?「私が〜しましょうか」という申し出に，「その必要はありません」と答えるのがyou don't have toです。

(9) 解答 **1**

A「すみません。Tシャツがほしいのですが」

B「こちらはどうでしょう。これは若い人の間で人気がありますよ」

1 （be popular among 〜 で）〜の間で人気のある

2 強い

3 単純な

4 異なった

解説 どういう人たちに人気なのかは，popular among［with］〜の形で表します。I'd likeはI wantのていねいな言い方です。

(10) 解答 **1**

A「あの女の子はピートに似ているね。彼の妹［姉］かな？」

B「ええ，そうよ」

1 （look like 〜 で）〜に似ている

2 来る

3 〜を望む

4 行く

解説 look like 〜 は「〜に似ている，〜のように見える」という表現です。このlikeは「〜に似た」という意味の前置詞です。

(11) 解答 **2**

「昨年，マコトはパリへ旅行に行きました。彼はパリがとても気に入り，将来はそこで暮らしたいと思っています」

1 世界

2 （in the futureで）将来（は）

3 時間

4 方法

解説 in the future「将来は」という熟語は

よく出題されます。〈hope to ＋動詞の原形〉は「〜したいと望む」の意味です。

(12) 解答 **1**

A「ここでこれらのポスターを撮影することはできません」

B「あっ，すみません。そのことを知りませんでした」

1 （take pictures of 〜 で）〜を撮影する
2 〜に加わる
3 〜を曲がる
4 〜を呼ぶ

解説 ここでのpicture(s) は「写真」という意味です。take a picture[pictures] of 〜で「〜の写真を撮る」という表現になります。

(13) 解答 **3**

「みなさん，静かにしてください。私の言うことを注意して聞いてください」

解説 quietは「静かな」という意味の形容詞です。形容詞を含む命令文は，〈Be ＋形容詞〉の形にします。

(14) 解答 **2**

A「すみません。この近くに郵便局はありますか」

B「はい。ここから見えますよ」

1 これらの
2 （There is 〜 で）〜がある
3 彼[彼女]らは
4 あれらは

解説 There is 〜「〜がある」は疑問文にすると Is there 〜? になります。答えるときにはYes, there is. / No, there isn't. と言います。

(15) 解答 **2**

「私の父はよくテレビを見ますが，私の兄[弟]と私はそんなによくテレビを見ません」

解説 空所の後に動詞watchがあるので，don'tかdoesn'tに限られます。主語が複数（my brother and I）なので，don'tを選びます。

Day
5

2

(16) 解答 **2**

男の子「もしもし。ジェームズです。トムは今，家にいますか」

女性「いいえ，いないわ。伝言を受けましょうか」

男の子「だいじょうぶです。後でまた彼に電話をかけます」

1 ここで待っていてもいいですか。
2 伝言を受けましょうか。
3 今週の土曜日はどうですか。
4 あなたは家に帰りますか。

解説 Hello. This is ...で電話の会話だとわかります。「留守です」の後，何をたずねるかが問題です。Would you like to leave a message?「伝言を残したいですか」とも言います。

(17) 解答 **2**

男の子「辞書を持ってくるのを忘れたんだ。君のを使ってもいい，サラ？」

女の子「いいわよ。どうぞ」

1 そうよ。1つ買うわ。
2 いいわよ。どうぞ。
3 それだけよ。
4 たぶん，そうね。

解説 男の子はMay I 〜?「〜してもいいですか」とたずねています。これに対して「いいですよ」と許可する表現がSure.です。Go ahead.は「どうぞ」という意味です。

(18) 解答 **3**

男性「風邪はどう？」

女性「昨晩は熱があったけど，今はよくなったわ」

1 病気になったの。
2 それは知らなかったわ。
3 今はよくなったわ。
4 明日あなたに電話するわ。

解説 coldは「風邪」。2番目の文はA，but Bの形なので，昨晩は fever「熱」があったけど，今は状態がよくなっていることが予想できます。betterはgoodの比較級です。

(19) 解答 **4**

女の子「ビル，昨日クラブのミーティングに来なかったわね。どうしたの？」
男の子「理科の授業のレポートを書かなくちゃならなかったんだ」

1 それはいつ始まったの？
2 そこへどうやって行ったの？
3 どこへ行くの？
4 何が起こったの[どうしたの]？

解説 男の子がclub meetingに行かなかった理由を説明していることから，女の子は何があったのかをたずねていることがわかります。

(20) 解答 **4**

女性「トム，コンサートに遅れちゃうわよ！」
男性「ちょっと待って。カギを探しているんだ」

1 それはテーブルの上にあるよ。
2 急いで。
3 それはおもしろいよ。
4 ちょっと待って。

解説 I'm looking for my keys.「カギを探しているんだ」から，トムはまだconcert「コンサート」へ出かけられないことがわかります。Just a minute. は「ちょっと待って」の意味で，minuteの代わりにmomentが使われることもあります。

---

(21) 解答 **2**

正しい語順 Masato (talked **about** his **dream** in) the speech contest.

解説 基本的な英語のルールに従って文を作ります。まず，主語Masatoの次に動詞talked（talkの過去形）を続けます。その後，about ～「～について」を置いてから話題（his dream）を述べます。場所と時は文末に持ってくるのが英語の原則です。

(22) 解答 **1**

正しい語順 There (are **many** places **to** go) in our city.

解説 「～があります」は2つ以上のものがあるなら There are ... -s で表します。「行くべき場所」はplaces「場所」に不定詞to go をつけることで「行くための場所，行くべき場所」の意味になります。Our city has many places to go. とも言い換えられます。

(23) 解答 **3**

正しい語順 Ted's parents (gave **him** a **book** about) airplanes.

解説 主語Ted's parentsが文頭に出ているので，動詞giveの過去形gaveから始めます。〈give ＋ 人 ＋ 物〉で「（人）に（物）をあげる」という意味になります。

(24) 解答 **1**

正しい語順 （Which **bus** goes to the) airport?

解説 「～行きのバスはどれですか」という日本文を「どのバスが～へ行きますか」と考えて，Which busで始めることがポイントです。〈which ＋ 名詞〉は「どの～」という意味です。airport「空港」の前にtheがつくことにも注意しましょう。

(25) 解答 **3**

正しい語順 It (was **raining** hard in the) morning.

解説 文頭に出ているItは，天候を述べる場合の主語になります。「降っていました」の部分は，過去進行形（was[were] + ～ing）を使います。ここでのhardは「激しく」という意味の副詞で，was rainingの後に持ってきます。「午前中は[に]」はin the morningとなります。

4A

全訳

プリマス美術館

入館料	
大人	子ども
19歳－65歳	13歳－18歳
8ドル	4ドル
66歳以上－2ドル	13歳未満－無料

美術館は，午前10時から午後6時まで，月曜日から土曜日まで開館しています。
日曜日は閉館です。
来館者は，館内のレストランで食べ物や飲み物をお買い求めいただけます。

ありがとうございます。

(26) 解答 **3**

「14歳の生徒のチケットはいくらですか」
1 無料。 **2** 2ドル。
3 4ドル。 **4** 8ドル。

解説 How much is ～? は「～はいくらですか」と値段をたずねる表現です。a 14-year-old student「14歳の生徒」は，表中のChild「子ども」の欄にある13－18 years old「13歳から18歳まで」に該当します。

(27) 解答 **1**

「美術館で人々ができることは」
1 食べ物や飲み物を買う。
2 はがきを買う。
3 午後6時以降に食事をする。
4 絵を描く。
解説 質問のpeople can「人々は～できます」に注意し，掲示の最後から2文目Visitors can ～「来館者は～できます」を見ます。ここでの動詞はbuy「～を買う」ですが，正解の**1**では同じ意味でgetが使われています。

4B

全訳
差出人：ジェイク・シンプソン
受取人：イシダ　アキラ
日付：8月19日
件名：今週末

こんにちは，アキラ，
ぼくのおじさんが，昨日カナダから電話してきたんだ。今度の水曜日，仕事で日本へ来るんだって。おじさんは金曜日まで東京で仕事をしなくちゃいけないんだけど，週末にぼくに会いに大阪へ来るんだ。ぼくの家に泊まる予定なんだよ。ぼくたちは土曜日に野球の試合を見に行って，日曜日の午後は大阪城へ行くんだ。いっしょに行かない？
それじゃ，
ジェイク

差出人：イシダ　アキラ

受取人：ジェイク・シンプソン
日付：8月19日
件名：ぼくの予定

やあ，ジェイク，

Eメール，ありがとう。君のおじさんにとても会いたいな。土曜日はサッカーの練習があるので君といっしょに野球の試合に行けないんだけど，日曜日なら空いているよ。午後1時に君の家に行くね。

じゃあね，

アキラ

(28) 解答 1

「ジェイクのおじさんはどこに住んでいますか」

1 カナダに。　　　**2** アメリカに。
3 東京に。　　　**4** 大阪に。

解説　最初のEメールの1文目のMy uncle called me yesterday from Canada.から，ジェイクのおじさんはカナダに住んでいることがわかります。**3**のTokyoや，**4**のOsakaは，おじさんが日本で訪れる場所なので不正解です。

(29) 解答 2

「ジェイクのおじさんは，日本で最初に何をしますか」

1 彼は野球の試合に出る。
2 彼は東京で仕事をする。
3 彼はアキラに電話をする。
4 彼はジェイクの友だちに会う。

解説　質問のfirst「最初に」に注意します。最初のEメールの3文目以降に，ジェイクのおじさんが日本ですることが書かれていますが，最初にするのはwork in Tokyo until Friday「金曜日まで東京で働く」です。

(30) 解答 4

「アキラがジェイクの家に行くのは」

1 土曜日の午前中。　**2** 土曜日の午後。
3 日曜日の午前中。　**4** 日曜日の午後。

解説　質問文の主語はAkiraなので，アキラが書いた2番目のEメールを見ます。最後の文に，I'll go to your house at 1:00 p.m. とあります。～ p.m.は「午後～時」という意味です。また，この前の文に，I'm free on Sunday とあるので，ジェイクの家に行くのはSunday afternoon「日曜日の午後」です。

4C

全訳

マコトのホームステイ

　マコトは日本の中学生です。昨年の1月，ジョンソンさん一家のところに1週間泊まるためにオーストラリアへ行きました。ジョンソンさんは父親の友だちです。ジョンソンさん夫妻には，エイミーという娘がいます。エイミーも中学生です。

　ある朝，エイミーが，「マコト，動物園に行きたい？」とたずねました。マコトは「うん。ぼくは動物が好きなんだ」と答えました。それで，その日の午後，エイミーとマコトはバスに乗って動物園に行きました。マコトはその動物園が，日本の自分の家の近くにあ

る動物園よりもずっと大きいので驚きました。そこにはたくさんの種類の動物がいました。マコトはコアラのとなりに立って，エイミーが彼の写真を撮りました。

　それから，エイミーはマコトに，「エミューについて知っている？」とたずねました。「ううん」とマコトは言いました。エイミーは，「大きな鳥なんだけど，飛べないのよ。エミューを見に行きましょうよ」と言いました。マコトは，オーストラリアの動物はとてもおもしろいんだなと思いました。将来，それらを勉強をするために，またオーストラリアへ行きたいと思っています。

(31) 解答 **3**

「昨年，マコトがオーストラリアにいたのは」
1 3日間。　　　　　　2 5日間。
3 7日間。　　　　　　4 10日間。

解説　第1段落の2文目に In January last year, he went to Australia to stay with Mr. Johnson's family for a week. とあるので，マコトがオーストラリアのジョンソンさん一家に泊まっていたのは1週間＝7日間だとわかります。

(32) 解答 **2**

「エイミーとはだれですか」
1 マコトの学校の生徒。
2 ジョンソンさん夫妻の娘。
3 英語の先生。
4 ジョンソンさんの友だち。

解説　第1段落の最後の2文で，エイミーのことが説明されています。Mr. and Mrs. Johnson have a daughter, Amy. から，エイミーはジョンソンさん夫妻の娘であることがわかります。1 は at Makoto's school の部分が誤りです。

(33) 解答 **3**

「マコトは動物園でなぜ驚いたのですか」
1 動物園がエイミーの家の近くにあった。
2 コアラとカンガルーがとても人気があった。
3 動物園が自分の家の近くにある動物園よりも大きかった。
4 たくさんの日本人観光客が動物園を訪れた。

解説　第2段落の4文目は Makoto was surprised ... で始まり，何に対して驚いたか

がbecause以降で説明されています。bigger はbig の比較級で，much bigger than ～ で「～よりずっと大きい」という意味です。one はzoo の代わりに使われています。

(34) 解答 **1**

「エイミーは動物園で何をしましたか」
1 彼女はマコトとコアラの写真を撮った。
2 彼女はマコトにマコトの家の近くにある動物園についてたずねた。
3 彼女はコアラのとなりに立った。
4 彼女はたくさんの種類の鳥について学んだ。

解説　第2段落の最後の文に，... Amy took his picture とあります。同じ文の前半に Makoto stood next to a koala ...「マコトはコアラのとなりに立った」とあるので，his picture はコアラのとなりに立っているマコトの写真になります。

(35) 解答 **4**

「マコトは将来何をしたいと思っていますか」
1 動物園で働く。
2 エイミーを自分の家に招待する。
3 たくさんの新しい動物園を訪ねる。
4 オーストラリアで動物について学ぶ。

解説　in the future は「将来」。マコトが将来何をしたいかについては，最後の文を見ます。He wants to go to Australia again と，study them という2つの情報をまとめて表現しているのが4 です。them は前文の the animals in Australia を指しています。

Listening Test

第1部 🔊 067〜077　　★＝男性，☆＝女性

No. 1　解答 1

★：Mom, I need stamps.
☆：They're on the shelf.
★：There aren't any stamps there.
1 They're on my desk, then.
2 Your letter is there.
3 You use this room.

★：お母さん，切手が必要なんだ。
☆：棚の上にあるわよ。
★：そこに切手は1枚もないよ。
1 それなら，私の机の上にあるわ。
2 あなたの手紙はそこよ。
3 あなたはこの部屋を使うわ。

解説　stamps「郵便切手」はshelf「棚」の上と言われた男の子がThere aren't any stamps there. と言っています。not + any = noで「1つもない」の意味で，文末のthereは「そこに（＝ on the shelf）」です。母親は別の場所を教えています。

No. 2　解答 3

★：Hello, Nora.
☆：Hi, Henry. You look tired.
★：I couldn't sleep last night.
1 That's all for today.
2 Have fun.
3 That's too bad.

★：こんにちは，ノラ。
☆：あら，ヘンリー。疲れているみたいね。
★：昨日の夜眠れなかったんだ。
1 今日はここまでにしましょう。
2 楽しんでね。
3 お気の毒に。

解説　「眠れなかった」のように好ましくない知らせや話を聞いたときの受け答えが問題です。 "Oh, no." "I'm sorry to hear that." など，さまざまな応答がありますが，選択肢**3**のThat's too bad. が最も一般的です。That's all for today. は，授業などでその日の終わりを告げるときの表現です。

No. 3　解答 3

★：I forgot to bring my pens today.
☆：Oh, Tom!
★：Can I use your pen?
1 OK, let's go.
2 I didn't study in my room.
3 No problem.

★：今日はペンを持ってくるのを忘れちゃったんだ。
☆：まあ，トム！
★：君のペンを使ってもいい？
1 いいわ，行きましょう。
2 私は自分の部屋で勉強しなかったの。
3 かまわないわよ。

解説　Can I 〜?「〜してもいいですか」は許可を求める表現なので，これにどのように答えたらいいかを考えます。正解の**3**のNo problem.は，「いいですよ，かまいませんよ」という意味です。**1**のOKはその後に続くlet's go.「行きましょう」の部分が不適切です。

No. 4　解答 3

★ : Kathy, do you want to go to the movies tomorrow?
☆ : Sounds nice.
★ : Shall we meet at eleven?　We can have lunch together first.
1 I'm feeling better.
2 I didn't know that.
3 That's a good idea.

★ : キャシー，明日映画を見に行かない？
☆ : いいわね。
★ : 11時に会おうか。まずいっしょに昼食を食べられるよ。
1 気分がよくなったわ。
2 それは知らなかったわ。
3 それはいい考えね。

解説　Do you want to ～? は「～しませんか」，go to the movies は「映画を見に行く」という意味です。最後の Shall we ～?「～しましょうか」と We can ～.「～できます」は，相手に提案をしているので，それが a good idea「いい考え」だと答えている**3**を選びます。

No. 5　解答 1

★ : Can you help me with my homework?
☆ : What subject?
★ : Math.
1 OK, I can help you.
2 No, it wasn't.
3 For five days.

★ : ぼくの宿題を手伝ってくれる？
☆ : 何の教科？
★ : 数学なんだ。
1 いいわ，手伝えるわ。
2 いいえ，そうではなかったわ。
3 5日間よ。

解説　「教科は？」「数学だよ」という短いやり取りをはさんで，最初の疑問文 Can you help me ～? に戻って返事をします。Can you ～? は「～してくれる？」と頼むときにもよく使われます。「（人）の～を手伝う」は〈help + 人 + with ～〉の形で表します。

No. 6　解答 2

☆ : Are you going to bed?
★ : Yes.　Good night, Mom.
☆ : Sleep well, Arnie.
1 Last night.
2 You, too.
3 I didn't know that.

☆ : 寝るの？
★ : うん。おやすみなさい，お母さん。
☆ : よく眠ってね，アーニー。
1 昨日の夜に。
2 お母さんもね。
3 それは知らなかったよ。

解説　Sleep well.「よく眠りなさい」のような命令文の形の挨拶にどう答えるかが問題です。"I will.（そうします）" "Okay.（わかった）" などがありますが，**2**の You, too.「あなたもそうしてください」もよく使われます。"Take care." "Have fun." などと言われたときにも使えます。

No. 7　解答　1

☆：Hello, Dad. It's me.

★：Hi, Ella. What is it?

☆：I'm going to take the five o'clock train, so I'll be home at six.

1 OK. See you then.

2 It's very hot.

3 By bus.

☆：もしもし，お父さん。私よ。

★：やあ，エラ。どうしたんだい？

☆：5時の電車に乗るから，6時に家に着くわ。

1 わかった。それじゃあ，またね。

2 とても暑いね。

3 バスでだよ。

解説　エラのI'll be home at six.「6時に家に着きます」に，父親がどう対応するのが自然かを考えます。正解の**1**のSee you then.は「それじゃあ，また」という意味です。電話での会話で用いられるHello.「もしもし」や，It's me.「私です」といった表現にも慣れておきましょう。

No. 8　解答　3

☆：Excuse me. I'm looking for a T-shirt for my brother.

★：How about this one? It's very popular among boys.

☆：It's nice. Do you have it in a larger size?

1 Mine is better.

2 He will like it.

3 Just a minute, please.

☆：すみません。兄［弟］にあげるTシャツを探しているんですが。

★：これはどうですか。男の子たちの間でとても人気がありますよ。

☆：すてきですね。もっと大きいサイズはありますか。

1 私のもののほうがいいですね。

2 彼はそれが気に入りますよ。

3 少々お待ちください。

解説　女の子がa T-shirt for my brother「兄［弟］にあげるTシャツ」を買いに来ています。largerはlarge「大きい」の比較級で，もっと大きいサイズがあるかどうかをたずねています。店員はそれを調べるので，Just a minute, please.「少々お待ちください」が正解です。

No. 9　解答　3

★：Where did you go last weekend?

☆：I went to an amusement park.

★：Was it fun?

1 Here you are.

2 Yes, please.

3 Yes, very much.

★：先週末はどこに行ったの？

☆：遊園地に行ったわ。

★：楽しかった？

1 はい，どうぞ。

2 はい，お願いします。

3 うん，とても。

解説　Was it fun? は "Did you have fun?" "Did you have a good time?" "Did you enjoy it?" と言い換えることもできます。選択肢**1**と**2**も会話でよく使われる表現です。チェックしておきましょう。

No. 10　解答 2

☆：It's a little cold today, Mr. Jones.
★：It's windy, too.
☆：Yes.　Can I close the windows?
1　No, it's not mine.
2　Sure, please do so.
3　It was cloudy.

☆：今日は少し寒いですね，ジョーンズ
　　先生。
★：風も強いね。
☆：そうですね。窓を閉めてもいいですか。
1　いいえ，それは私のものではありません。
2　もちろん，そうしてください。
3　くもっていたよ。

解説　前半はIt's ... で始まる文が2つ続きます。これはどちらも天候や気温などを表すときの
itの使い方です。続けて女の子がCan I ～? とたずねます。これは相手に「～してもいいですか」
と許可を求める表現です。"Sure." "Okay." "No problem." などとも答えられます。

第2部　◀))078～088　★＝男性，☆＝女性

No. 11　解答 4

☆：There're a lot of animals in this zoo.
★：Yes.　I like the lions the best.　How about
　　you?
☆：The elephants are my favorite.
★：I like them, too.
Question: What are they talking about?

☆：この動物園にはたくさんの動物がい
　　るわ。
★：そうだね。ぼくはライオンがいちばん
　　好きなんだ。君は？
☆：ゾウが私のいちばん好きな動物よ。
★：ぼくもゾウは好きだよ。
質問：彼らは何について話していますか。

1　男の子の旅行。　　　　　　　　2　女の子のペット。
3　彼らの学校の動物。　　　　　　4　彼らのいちばん好きな動物。

解説　What are they talking about?は2人が話している話題は何かという質問です。in this
zooと言っているので，彼らは今，動物園にいます。彼らの会話の中に，動物の種類とlikeや
favoriteが何度も出てくることからも，好きな動物について話していることがわかります。

No. 12　解答 3

★：Hello. May I speak to Tim, please?
☆：Hello. Who's calling?
★：This is Bill. I'm Tim's friend.
☆：OK. Wait a minute, please.
Question: Who is calling Tim?

★：もしもし。ティムをお願いできますか。
☆：もしもし。どちら様でしょうか。
★：ビルです。ティムの友だちです。
☆：わかったわ。少し待ってね。
質問：だれがティムに電話をしていますか。

1 ティムの兄[弟]。　　　　**2** ティムの父親。
3 ビル。　　　　　　　　　**4** ビルの母親。

解説　電話でよく使われる表現がいくつも聞こえてきます。特に "May I speak to ～ (, please)?" "Who's calling (, please)?" "This is ～（名前）." は覚えておきたい決まり文句です。会話の中に名前がいくつか出てくるときは，それぞれの関係などを整理しながら聞くことが大切です。

No. 13　解答 1

☆：Where did you go after lunch today?
★：I did my homework at the library.
☆：Did you finish it?
★：No, so I'll go to the library again after school.
Question: What will the boy do after school today?

☆：今日は昼食後にどこに行ったの？
★：図書館で宿題をしたんだ。
☆：終わったの？
★：いいや，だからまた放課後に図書館に行くよ。
質問：男の子は今日の放課後に何をしますか。

1 図書館に行く。　　　　　**2** 夕食を食べる。
3 数学の授業を受ける。　　　**4** 本を読む。

解説　男の子はafter school「放課後」に何をするかという質問です。最初にafter lunchが話題になり，after schoolは会話の最後に聞こえてきます。その文に答えがあります。会話と一致する語句はlibraryしかないので，選択肢を見ながら聞くといいでしょう。

No. 14　解答　2

☆：I need to bring a camera to school next week, Dad.

★：You have your own camera, right?

☆：No, I don't have one.

★：OK, you can use mine.

Question: What is the girl's problem?

☆：来週学校にカメラを持って行く必要があるの，お父さん。

★：自分のカメラを持っているよね？

☆：いいえ，持っていないわ。

★：わかった，ぼくのを使っていいよ。

質問：女の子の問題は何ですか。

1　彼女はCDを買えない。
2　彼女は自分のカメラを持っていない。
3　彼女のカメラは壊れている。
4　彼女の父親のカメラは古い。

解説　女の子の悩みが問題です。「カメラを持って行かなくてはならない」という女の子に父親が「your own camera（あなた自身のカメラ）を持っている」と言ってから，確認のために"..., right?"「ね？」とつけ足しています。I don't have one. のone はa camera のことです。

No. 15　解答　3

★：Hi, Kate. Where are you going?

☆：I'm going to my dance lesson. How about you, Jim?

★：I have to buy notebooks now.

☆：OK. See you tomorrow.

Question: Where is Kate going?

★：やあ，ケイト。どこへ行くの？

☆：ダンスのレッスンに行くところよ。あなたは，ジム？

★：ぼくは今ノートを買わなくちゃならないんだ。

☆：わかったわ。また明日会いましょう。

質問：ケイトはどこに行くところですか。

1　レストランに。
2　デパートに。
3　ダンスのレッスンに。
4　書店に。

解説　会話の中の名前がだれのことなのかをつかむことが大事です。ここでは女の子がKateです。Kate のように短い名前は，疑問文で主語と動詞の順番が入れ替わると聞き取りにくくなります。質問ではWhere is の後に主語がくるはずです。集中して聞き取りましょう。

No. 16　解答　2

★：Where's the dog, Mom?

☆：He's sleeping on the sofa now.

★：I want to take him to the park.

☆：You should go after he wakes up.

Question: What is the dog doing now?

★：犬はどこ，お母さん？

☆：彼は今ソファーで寝ているわ。

★：彼を公園に連れて行きたいんだ。

☆：彼が起きた後に行ったほうがいいわ。

質問：犬は今，何をしていますか。

1　彼は起き上がろうとしている。
2　彼は眠っている。
3　彼は歩いている。
4　彼は食べている。

解説　動物について話すとき，英語では一般的にit を使いますが，ペットなど人間と同じに扱う場合はhe / she になります。ここでは犬について話していますが，主語はhe を使っています。Where's the dog? と聞かれた母親が，場所だけでなく，何をしているかも答えています。

No. 17 解答 4

☆：Good morning, George. You look tired.

★：Hi, Stacey. I ran from my house to school.

☆：Why did you do that?

★：My bike is broken.

Question: Why is George tired?

☆：おはよう，ジョージ。疲れているみたいね。

★：やあ，ステイシー。家から学校まで走ったんだ。

☆：なぜそんなことをしたの？

★：ぼくの自転車が壊れているんだ。

質問：ジョージはなぜ疲れているのですか。

1 彼は家を訪問した。　　　　　　　　**2** 彼は速く歩いた。
3 彼は自分の自転車を運んだ。　　　　**4** 彼は学校まで走った。

解説　Why is George tired?「疲れているのはなぜ」という質問です。会話にも Why did you do that?「なぜあなたはそれをしたのか」という質問があります。この do that は run from your house to school のことです。どちらも Why で始まるので混同しないようにしましょう。

No. 18 解答 2

★：My next class is Mr. Wilson's. How about you, Emily?

☆：Ms. Taylor's class.

★：Is she a nice teacher?

☆：Yes. Her classes are always interesting.

Question: Whose class will Emily take next?

★：ぼくの次の授業はウィルソン先生の授業だよ。君は，エミリー？

☆：テイラー先生の授業よ。

★：彼女はいい先生かい？

☆：ええ。彼女の授業はいつもおもしろいわ。

質問：エミリーは次にだれの授業を受けますか。

1 ウィルソン先生の。　　　　　　　　**2** テイラー先生の。
3 マーチン先生の。　　　　　　　　　**4** ルイス先生の。

解説　Whose class will Emily ～?「だれの授業をエミリーは～」という質問です。名前がいくつも出てきます。選択肢を見ながら聞きましょう。Mr. Wilson's は音で聞くと Mr. Wilsons「ウィルソンズ先生」のようですが，Mr. Wilson's class の class を省略した形です。

No. 19 解答 3

☆：Takashi, you can speak English and Japanese, right?

★：Yes. I can also speak Spanish.

☆：That's cool.

★：I want to study Chinese, too.

Question: How many languages can Takashi speak now?

☆：タカシ，あなたは英語と日本語が話せるのよね。

★：うん。スペイン語も話すことができるよ。

☆：すごいわ。

★：中国語も勉強したいんだ。

質問：タカシは今いくつの言語を話すことができますか。

1 1つ。　　**2** 2つ。　　**3** 3つ。　　**4** 4つ。

解説 選択肢は数字だけなので，質問がHow many ～?「いくつの～」だと予想できます。English, Japanese, Spanish, Chineseがspeakやstudyといっしょに出てきます。どれもlanguage「言語」ですが，最後のChineseは「これから習いたい」言語なので数に入りません。

No. 20 解答 3

☆：Roger, I got bad grades in math and science.

★：That's too bad.

☆：Can you teach me math after school?

★：OK. Let's go to the library then.

Question: Which subject will Roger teach?

☆：ロジャー，私は数学と理科で悪い成績を取っちゃったの。

★：それは残念だね。

☆：放課後に私に数学を教えてくれる？

★：わかったよ。それなら図書館に行こう。

質問：ロジャーはどの教科を教えますか。

1 理科。　　**2** 歴史。　　**3** 数学。　　**4** 美術。

解説 gradeは「学年」ですが，good, badがつくと「成績」の意味にもなります。悪かった教科は2つありましたが，相手に教えてと頼んでいるのは1つだけです。選択肢と比較しながら音を聞き取りましょう。〈teach＋人＋教科〉で「(人) に (教科) を教える」を表します。

第3部 🔊 089～099

No. 21 解答 3

Zack is a new student from Australia. He'll join the school band next week and play in the concert at school next month.

Question: What will Zack do next week?

ザックはオーストラリアからの新入生です。来週彼は学校のバンドに参加し，来月には学校のコンサートで演奏します。

質問：ザックは来週何をしますか。

1 コンサートで演奏する。　　**2** 音楽を聞く。

3 バンドに参加する。　　**4** ピアノを練習する。

解説 「来週何をするつもりか」が問題です。next weekに注意して聞きましょう。英語では「いつ（＝時）」を表すことばは文の最後に置くのが基本なので，next weekの直前の部分に正解が含まれています。この後にnext monthが出てきますが，これは正解ではありません。

No. 22　解答　3

Hello, everyone. We'll have our music festival in the school gym next month. All students have to be ready for the festival.

Question: Where is the man talking?

こんにちは，みなさん。来月，学校の体育館で音楽フェスティバルがあります。生徒は全員フェスティバルのために準備をしなければなりません。

質問：男性はどこで話していますか。

1　警察署で。
2　フェスティバルで。
3　学校で。
4　電車の駅で。

解説　選択肢はすべて At で始まっています。これは「（場所・イベントの場）で」を意味します。the school gym，all students などのことばから学校に関係があるということが推測できます。

No. 23　解答　2

Akira can speak English very well. He studied it for four years. He wants to go to college in America in the future.

Question: How long did Akira study English?

アキラはとてもじょうずに英語を話すことができます。彼は4年間それを勉強しました。彼は将来，アメリカの大学に行きたいと思っています。

質問：アキラはどのくらい英語を勉強しましたか。

1　3年間。
2　4年間。
3　5年間。
4　6年間。

解説　選択肢には期間を表すことばが並んでいます。for ～ years「～年間」の「～」の部分に入る数字を聞き取ります。in the future は「将来，未来において」，college は「大学」のことです。

No. 24　解答　2

Thank you for coming to Johnson's Restaurant. You can have delicious Italian food here. Today, cheese pizza is 15 percent off, and all salads are 20 percent off.

Question: What food is 15 percent off?

ジョンソンズ・レストランにご来店いただき，ありがとうございます。当店ではとてもおいしいイタリア料理を食べていただけます。本日，チーズピザは15パーセント引き，そしてすべてのサラダが20パーセント引きです。

質問：どんな食べ物が15パーセント引きですか。

1　チョコレートケーキ。
2　チーズピザ。
3　トマトサラダ。
4　スパゲティ。

解説　選択肢はすべて食べ物です。英語で書かれると難しそうですが，日本でもなじみ深い名前ばかりです。△△percent off も △△パーセント OFF と書かれたポスターが店先に掲げられているのを見た人も多いでしょう。pizza の z，salad の最後の d の音に注意しましょう。

No. 25　解答　4

I usually watch TV after dinner.　I like quiz shows the best.　I often answer the questions in front of the TV with my parents.

Question: What is the girl talking about?

私はたいてい夕食後にテレビを見ます。私はクイズ番組がいちばん好きです。私はよく両親といっしょにテレビの前で問題に答えます。

質問：女の子は何について話していますか。

1 スポーツ。　　**2** 食べ物。　　**3** 映画。　　**4** テレビ番組。

解説　女の子が夕食後に見るテレビについて説明しています。quiz showsが聞き取れなくても，その後の「両親とquestionsに答える」から想像してみましょう。

No. 26　解答　3

Yesterday, Mariko met her friend at the station and they went shopping together.　After she got home, she talked about her day with her mother and sister.

Question: Who did Mariko meet at the station?

昨日，マリコは駅で友だちと会い，彼女たちはいっしょに買い物に行きました。帰宅した後で，彼女は母親と姉［妹］といっしょに彼女の1日について話しました。

質問：マリコは駅でだれと会いましたか。

1 マリコの母親。　　　　　　　**2** マリコの姉［妹］。
3 マリコの友だち。　　　　　　**4** マリコの父親。

解説　選択肢はMariko'sが共通なので，その右のことばを見ながら聞きましょう。質問は「駅で会ったのはだれか」です。the stationがカギになります。最初の文で聞こえてきます。昨日の話ですから，本文の中の動詞は過去形です。質問中のmeetがmetとなります。

No. 27　解答　4

I'm on a softball team.　We had a game yesterday, but I had to stay at home because I had a fever.　Our team won, so I was happy.

Question: Why was the girl happy yesterday?

私はソフトボールチームに所属しています。昨日試合がありましたが，私は熱があったので家にいなければなりませんでした。私たちのチームが勝ったので，うれしかったです。

質問：昨日女の子はなぜうれしかったのですか。

1 彼女はとてもじょうずにソフトボールをプレーした。
2 彼女はソフトボールの試合をテレビで見た。
3 試合は午前中に終わった。
4 彼女のチームは試合に勝った。

解説　Why ～?「なぜ」と聞かれたら，becauseかsoを探します。becauseの後ろかsoの前に理由・原因があるからです。ここではso I was happy.とあるので，その前が答えになります。選択肢ではourがherに変わっています。wonはwin「勝つ」の過去形です。

No. 28 解答 2

Next Saturday is my sister's birthday. She likes cats. I gave her a toy cat last year. I'm going to buy her a magazine about cats this year.

Question: What will the boy give his sister?

次の土曜日は私の姉[妹]の誕生日です。彼女は猫が好きです。私は昨年，おもちゃの猫を彼女にあげました。今年は彼女に猫についての雑誌を買うつもりです。

質問：男の子は彼の姉[妹]に何をあげますか。

1 猫。　　　　**2** 雑誌。　　　　**3** 誕生日ケーキ。　　　　**4** おもちゃ。

解説　質問What will the boy give his sister? は，willが1語だけで未来についてであることを示し，今度の誕生日にはどうするつもりかをたずねています。本文のbuy herが，質問ではgive his sisterに言い換えられています。

No. 29 解答 2

We study English a lot at school. We have six English classes a week. On Fridays, we have two English classes in the morning.

Question: How many English classes does the girl have on Fridays?

私たちは学校でたくさん英語を勉強します。学校では1週間に6つの英語の授業があります。毎週金曜日には，午前中に2つの英語の授業があります。

質問：女の子は毎週金曜日にいくつ英語の授業がありますか。

1 1つ。　　　**2** 2つ。　　　**3** 3つ。　　　　**4** 6つ。

解説　選択肢は数字が並んでいますから，質問がHow many 〜?「いくつの〜」であると推測できます。数に気をつけて聞くようにしましょう。〈曜日＋s〉で「毎週…曜日」の意味になります。on Fridaysの英語の授業数が問題なので，最後の文中にある数が答えです。

No. 30 解答 3

Andy wanted to watch a movie at the theater, but there were too many people there. So, he went home and watched a soccer game on TV.

Question: What did the boy watch on TV?

アンディーは映画館で映画を見たかったのですが，そこにはあまりにたくさんの人がいました。だから，彼は家に帰り，テレビでサッカーの試合を見ました。

質問：男の子はテレビで何を見ましたか。

1 映画。　　　　　　　　　　　　**2** ニュース番組。
3 サッカーの試合。　　　　　　　**4** ドラマ。

解説　前半の（movie）theater「映画館」から，後半は家のTVへと場面が変わります。「テレビで何を見たか」ですから，後半がポイントです。映画を見るのをあきらめた理由はthere were too many people there.です。tooが前につくと「〜すぎて無理」というニュアンスです。

筆記試験&リスニングテスト
解答と解説

問題編 p.62〜75

筆記

1

問題	1	2	3	4	5	6	7	8	9	10	11	12	13	14	15
解答	3	2	2	1	1	2	3	1	1	4	2	2	3	2	2

2

問題	16	17	18	19	20
解答	4	2	2	3	2

3

問題	21	22	23	24	25
解答	3	4	4	1	2

4

		A		B			C			
問題	26	27	28	29	30	31	32	33	34	35
解答	2	3	4	4	2	3	2	1	3	4

Day 6

リスニング

第1部

問題	1	2	3	4	5	6	7	8	9	10
解答	1	3	3	3	2	3	1	2	1	1

第2部

問題	11	12	13	14	15	16	17	18	19	20
解答	2	1	4	2	4	3	2	4	1	2

第3部

問題	21	22	23	24	25	26	27	28	29	30
解答	2	3	4	1	1	4	2	2	3	2

1

(1) 解答 **3**
「マリは先週，自分の故郷である仙台に帰りました。彼女はそこで古い友だちに会いました」
1 趣味　**2** 切符　**3** 故郷　**4** 旅行
解説 "..., Sendai," のようにコンマではさまれると「…，つまり仙台」となり，直前の語を言い換えたり，補足したりできます。

(2) 解答 **2**
A「あなたとケンジは同じサッカーチームに入っているの？」
B「うん。ぼくたちはチームメートだよ」
1 すばやい　　　　**2** 同じ

3 怒った　　　　**4** 遅い
解説 teammateのmateは「仲間」，on the teamは「チームに入っている」の意味になります。sameの反対はdifferent です。

(3) 解答 **2**
A「あの人の名前を思い出せません。あなたは彼を知っていますか」
B「はい。彼はジョン・ブラウン氏です」
1 〜を救う　　　　**2** 〜を思い出す
3 〜を教える　　　　**4** 思う
解説 「彼を知っていますか」とBにたずねているので，Aは彼の名前を思い出すことができないと推測されます。

(4) 解答 **1**

A「冬休みの予定はどうなってるの？」
B「友だちといっしょに北海道へスキーに行くんだ」

1 予定　　　　　　　**2** 建物
3 地図　　　　　　　**4** レポート

解説　planは「予定，計画」で，What are your plans for ～?で「～の予定は何か」という意味になります。通常は複数形です。

(5) 解答 **1**

A「どうか手伝ってください！　この箱は私には重すぎるわ」
B「いいとも」

1 重い　　　　　　　**2** 安全な
3 すばらしい　　　　**4** 人気がある

解説　This box「この箱」がtoo heavy「重すぎる」ので「どうか運ぶのを手伝ってほしい」という流れです。

(6) 解答 **2**

A「遊園地へはどうやって行きますか」
B「地下鉄を使うべきですね」

1 ミーティング，会議
2 地下鉄
3 塔
4 図書館

解説　Howは「どのようにして」と方法や手段をたずねることばです。「地下鉄」はこの他にundergroundやmetroとも言います。

(7) 解答 **3**

A「お母さん，フレッドとテニスをしに行ってもいい？」
B「出かける前に宿題を終わらせなくちゃだめよ」

1 ～へ　　　　　　　**2** ～までに
3 ～の前に　　　　　**4** ～まで

解説　go outは「外出する」。空所とgoing outがひとまとまりで，before「～の前に」を入れて「出かける前に」とします。

(8) 解答 **1**

「私の家から美術館まで電車で1時間かかります」

1 ～の時間がかかる　　**2** ～を話す
3 ～を投げる　　　　　**4** ～を話す

解説　〈it takes＋時間〉は「～の時間がかかる」という表現です。その後に「家から美術館まで電車で」が加えられています。

(9) 解答 **1**

「ジャックは日本史に興味があります」

1 （be interested in ～ で）～に興味がある
2 ～のために
3 ～によって，～までに
4 ～で，（時刻）に

解説　空所の前のis interestedに注目します。be interested in ～ で「～に興味がある」という意味です。Japanese historyは「日本史」。

(10) 解答 **4**

「コウジは明日，日本に向けて出発するので，今日がアメリカでの最後の日です」

1 ～を助ける
2 眠る
3 ～を見つける
4 （leave for ～ で）～に向けて出発する

解説　leaveは「～を去る」が基本的な意味ですが，leave for ～ で「～に向けて出発する」も表します。

(11) 解答 **2**

A「3時に駅の前で会いましょうね」
B「わかった」

1 ～へ
2 （in front of ～ で）～の前で［に］
3 ～のために
4 ～で，（時刻）に

解説　Let's meetは「会いましょう」という意味です。空所の後にあるfront ofに注目し，in front of ～「～の前で」という熟語を作ります。

(12) 解答 **2**

A「暗くなってきましたね。明かりをつけて
　もらえますか」

B「わかりました」

1　～を書く

2　(turn on ～ で) ～をつける

3　～を与える

4　～を作る

解説　暗くなってきているから「明かりをつ
ける」となります。「(電気，テレビなど) を
つける」は，turn on ～ を使います。

(13) 解答 **3**

A「お父さん，図書館へ行ってくるわね」

B「わかった，でも暗くなる前に帰ってこな
　いとだめだよ」

解説　needは〈need to ＋動詞の原形〉で「～
する必要がある」の意味になります。before

dark は「暗くなる前に」です。

(14) 解答 **2**

「ここで騒がしくしてはいけません。となり
の部屋で赤ちゃんが眠っています」

解説　Don't ～ (動詞の原形) で，「～して
はいけません」という否定の命令文になりま
す。noisy「騒がしい」は形容詞なので，
beをその前に置きます。

(15) 解答 **2**

A「これがぼくの部屋だよ」

B「うわー。君の部屋はぼくの部屋よりずっ
　と大きいね」

解説　than mine「私のより」で，主語の
Your roomと my roomを比較していること
がわかります。large「大きい」の比較級を
選択します。

2

(16) 解答 **4**

女の子1「駅の近くに新しいカフェがあるわ。
　いっしょにそこに行きませんか」

女の子2「ええ。私はチーズケーキが食べた
　いわ」

1　いらっしゃいませ。

2　あなたの鉛筆を使ってもいいですか。

3　あなたは映画を見に行きましたか。

4　いっしょにそこに行きませんか。

解説　「新しいカフェがある」と「ええ，～
が食べたい」を自然に結びつける質問を選
びます。Shall we ～?「いっしょに～しませ
んか」は相手を誘う表現で，Let's ～ よりてい
ねいです。

(17) 解答 **2**

女性「すみません。この近くにコンビニエ
　ンスストアはありますか」

男性「はい。次の角のところにあります」

1　それは安いです。

2　次の角のところにあります。

3　私はそれが大好きです。

4　私は元気です。

解説　女性がIs there ～?「～はありますか」
とたずねているので，男性はconvenience
store「コンビニエンスストア」がある場所
を答えます。on the next cornerは「次の角
に」という意味です。

(18) 解答 **2**

男の子「バスケットボールの試合は何時に
　始まるの？」

女の子「よくわからないわ。フレッドに聞い
　てみたら」

1　私は行くことができないの。

2　よくわからないわ。

3　それはおもしろいわよ。

4　それはあそこにあるわよ。

解説　What time ～?は「何時に～」で，試
合の開始時間をたずねています。時間を答

えている選択肢はないので，I'm not sure.「はっきりとはわからない」が正解です。

(19) 解答 **3**

男の子「どうやって学校へ行くの，マンディー？」
女の子「普段は歩いて行くけど，雨が降るとバスに乗って行くわ」
1 何時に家を出るの
2 なぜ明日は暇があるの
3 どうやって学校へ行くの
4 どこへ行くの
解説 女の子のI usually walk ...やI take the busから，交通手段をたずねるHow do you go ～?が正解になります。

3

(21) 解答 **3**

正しい語順 I got up（at six **to** go **fishing** yesterday）morning.
解説 got up にat sixをつけて「6時に起きた」とします。その後，〈to＋動詞の原形〉を使って「～するために（目的）」を表し，最後に時を述べて完成です。go ～ing「～しに行く」はgo skiing, go campingなども覚えておきましょう。

(22) 解答 **4**

正しい語順 （How **do** you **like** your）life in Japan?
解説 How do you like ～?で，相手に感想などを聞くときによく使われる表現です。映画を見てきた友だちにHow did you like it?などとたずねます。I like(d) it very much., It is［was］great.などと答えます。

(23) 解答 **4**

正しい語順 （Can **you** fix **my** broken bike）?

(20) 解答 **2**

女性「すみません。パソコンを探しているんですが」
店員「2階にございます」
女性「ありがとうございます」
1 たくさんの種類のパソコンを置いていますね。
2 パソコンを探しています。
3 これらのパソコンは人気があります。
4 私はここでパソコンを買いました。
解説 店員のon the second floor「2階に」から，女性はパソコン（の売り場）を探していることがわかります。正解の**2**のlook for ～ は「～を探す」という意味です。

解説 「～できますか」という疑問文なので，Can you で始まることが推測できます。その後は動詞と目的語の順番となるので，「～を修理する」は動詞のfix，「私の故障した自転車」はmy broken bike と並べます。

(24) 解答 **1**

正しい語順 They are（one **of** the most **famous** bands）in Japan right now.
解説 「最も～」を表すには形容詞の最上級を使います。famous「有名な」の最上級はthe most famousです。「～のひとつ」はone of ～ ですが，ofの後のことばを複数形にして，one of the most famous bandsとなります。

(25) 解答 **2**

正しい語順 My（hobby **is** collecting **foreign** stamps）.
解説 「私の趣味は～」なので，My hobbyで文を始め，次に動詞のisを持ってきます。

これに続くのは「外国の切手を集めること」collecting foreign stampsです。collect「〜を集める」に〜ingをつけて名詞と同じ働きにしています。

4A

全訳

Gマートのセール！
本日Gマートで，ペン，紙，ノートを半額で販売いたします。
多くの色とサイズをご用意しております。
本日限りです！

見つからない物があれば，店員におたずねください。
いつでもお手伝いいたします！

Gマートへおいでいただくには，ブルーバード駅から5番バスにお乗りいただき，3番目のバス停でお降りください。

(26) 解答 **2**
「この掲示は何についてですか」
1 新しい店。
2 特別なセール。
3 Gマートに関する本。
4 駅でのカラフルなバス。

解説 What is 〜 about? は「〜は何についてですか」で，notice「掲示」の話題をたずねています。タイトルと1文目の ... we are selling 〜 for half price「〜を半額で販売いたします」から，Gマートのセールのお知らせであることがわかります。

(27) 解答 **3**
「ブルーバード駅でできることは」
1 安いノートを買う。
2 古いペンを販売する。
3 Gマート方面のバスに乗る。
4 Gマートに関する情報を得る。

解説 質問のAt Bluebird Stationに注目します。掲示の最後にあるTo get to G-Mart, take the No. 5 bus from Bluebird Station ... から，ブルーバード駅で5番バスに乗ればGマートへ行けることがわかります。**1**のbuy cheap notebooksは駅ではなく，Gマートでできることなので，注意しましょう。

4B

全訳
差出人：スズキ　ユウコ
受取人：エリック・シェイド
日付：1月10日
件名：私のピアノの発表会

こんにちは，エリック，
今度の日曜日は何をする予定なの？　妹のサヤカと私は日曜日の午後にピアノの発表会で演奏するの。駅のそばにあるホールでよ。サヤカは午後1時に演奏して，私は午後3時に演奏するの。発表会のチケットが2枚あるの。お兄[弟]さんといっしょに来ない？土曜日にあなたに会って，そのときにチケットを渡せるわよ。

それじゃ，

ユウコ

―――――――――――――――――――

差出人：エリック・シェイド
受取人：スズキ　ユウコ
日付：1月10日
件名：返信：私のピアノの発表会

やあ，ユウコ，

誘ってくれてありがとう。兄[弟]のトムと
ぼくは君たちの発表会へ行きたいと思って
るんだ。トムは日曜日の午前中にサッカーの
練習があるので，ぼくたちは12時30分にホ
ールに行くよ。土曜日の午後，チケットをも
らいに君の家に行くね。ありがとう。
それじゃ，
エリック

(28) 解答 4

「発表会で，ユウコはいつピアノの演奏をし
ますか」

1 正午に。　　　**2** 午後1時に。
3 午後2時に。　　**4** 午後3時に。

解説　質問の主語がYukoであることに注意
します。最初のEメールの4文目後半に，I
play at 3 p.m. とあります。Iはこのメール
を書いたユウコのことです。**2**のAt 1
p.m. は，妹のサヤカが演奏する時間です。

(29) 解答 4

「ユウコは土曜日に何をしますか」

1 駅のそばのホールへ行く。
2 発表会でピアノを弾く。

3 エリックの兄[弟]といっしょにピアノ
の練習をする。
4 チケットをエリックに渡す。

解説　最初のEメールの最後の文に，I can
meet you on Saturday and give you the
tickets then. とあります。youはEメールの
受取人であるエリックで，then「そのときに」
はon Saturdayのことです。Eメールでは
〈give＋人＋物〉ですが，正解の**4**では〈give
＋物＋to＋人〉の形になっています。

(30) 解答 2

「トムはホールへ行く前に何をしますか」

1 彼はピアノのレッスンを受ける。
2 彼はサッカーの練習をする。
3 彼はユウコとサヤカに会う。
4 彼は発表会のチケットを買う。

解説　質問のbefore going to the hall「ホ
ールへ行く前に」に注意します。エリックと
トムがホールへ行くのは12時30分ですが，
その前の文にHe has soccer practice on
Sunday morning「日曜日の午前中にサッカ
ーの練習がある」とあります。

4C

全訳

誕生日ケーキ

ヒトミは15歳で，中学校に通っています。
毎日放課後に，小学校へ行って，妹のマキ
を家に連れて帰ります。両親は店で仕事を
しているので，ヒトミとマキは晩には家で
よくいっしょにテレビゲームをしたり，音楽
を聞いたりします。
5月6日に，マキは「今日は私の誕生日な
の！　私にケーキを買ってくれる？」と言い
ました。ヒトミはお金をまったく持っていま
せんでした。だから，ヒトミは「いっしょに
ケーキを作りましょう」と言いました。マキ
はその考えを気に入りました。

ヒトミとマキは家に着くと，料理の本を
見て，特別なチョコレートケーキを作りた
いと思いました。2人は5時にケーキを作り
始め，7時にそれを作り終えました。
両親は8時に仕事から帰ってきました。母
親は，「何てすばらしいケーキなの！」と言
いました。両親はマキにプレゼントを用意
していました。それはCDプレーヤーでした。
母親と父親は，ヒトミとマキにイチゴもあ
げました。女の子たちはそれをケーキの上
にのせました。マキは幸せでした。

(31) 解答 3

「ヒトミは放課後，最初に何をしますか」

1 夕食を作る。
2 家でテレビを見る。
3 妹を家に連れて帰る。
4 両親に会う。

解説 第1段落の2文目に，Every day after school, she goes to the elementary school ... とあり，その目的が次の部分でto take her sister, Maki, home「妹のマキを家に連れて行く」と示されています。これは「〜するために」という目的を表す不定詞です。

(32) 解答 2

「5月6日はだれの誕生日ですか」
1 ヒトミの。
2 マキの。
3 ヒトミとマキの母親の。
4 ヒトミとマキの父親の。

解説 第2段落の1文目に，... Today is my birthday!「今日は私の誕生日なの！」とあります。この前のMaki saidから，myはマキのことだとわかります。

(33) 解答 1

「ヒトミとマキはケーキを作る前に何をしましたか」
1 彼女らは料理の本を見た。
2 彼女らはバスケットボールをして楽しんだ。

3 彼女らはチョコレートケーキを買った。
4 彼女らは家で両親を待った。

解説 第3段落の1文目に，... they looked at a cookbook and wanted to make a special chocolate cake.とあるので，「料理の本を見た」→「特別なチョコレートケーキを作りたいと思った」という流れを理解します。

(34) 解答 3

「ヒトミとマキがチョコレートケーキを作り終えたのは」
1 5時。 **2** 6時。 **3** 7時。 **4** 8時。

解説 ケーキを作ったことについては2つの時刻が出ています。第3段落の2文目に「5時にケーキを作り始めて，7時にそれを終えた」とありますので，正解は**3**となります。

(35) 解答 4

「ヒトミとマキの両親は女の子たち2人に何をあげましたか」
1 CDプレーヤー。 **2** お金。
3 誕生日ケーキ。 **4** イチゴ。

解説 第4段落の5文目に，Their mother and father gave Hitomi and Maki some strawberries, too.とあります。**1**のA CD player.は，両親がマキだけにあげた誕生日プレゼントですので，正解ではありません。

Listening Test

第**1**部 🔊 100〜110 ★＝男性，☆＝女性

No. 1 解答 1

★：Oh, no!
☆：What's the problem, Julian?
★：I can't find my eraser.
1 Please use mine.
2 I will do my homework.
3 It's broken.

★：ああ，どうしよう！
☆：どうしたの，ジュリアン？
★：消しゴムが見つからないんだ。
1 私のものを使って。
2 私は宿題をするわ。
3 それは壊れているわ。

解説 Oh, no!と困っているのはI can't find my 〜「ぼくの〜が見つからない」かららしいことはイラストと音声から想像できますが、選択肢がわかりにくいかもしれません。use my eraserと言うところを、直前のeraserを繰り返さずにmine「私の（もの）」と言っています。

No. 2　解答 **3**

☆：Excuse me.

★：Yes? How can I help you?

☆：I'd like to buy a toothbrush.

1 I like it, too.

2 Twice a week.

3 They're over there.

☆：すみません。

★：はい？　何かお探しですか。

☆：歯ブラシを買いたいのですが。

1 私もそれが好きです。

2 週に2回です。

3 それらはあちらにあります。

解説 I'd like toはI want toとほぼ同じ意味ですが、もっとていねいな表現です。女の子が買いたいのはa toothbrush「1本の歯ブラシ」ですが、店内にはいくつもあるので、店員はThey're ... と複数扱いで答えています。toothbrushのtoothは「歯」の単数形、複数形はteethです。

No. 3　解答 **3**

★：Debbie, can you go and buy some milk?

☆：Sorry, but I'm doing my homework.

★：When will you finish?

1 I love sandwiches.

2 I'm thirsty.

3 In about thirty minutes.

★：デビー、牛乳を買ってきてくれないかい？

☆：悪いけど、宿題をしているの。

★：いつ終わるの？

1 私はサンドイッチが大好きなの。

2 私はのどが渇いているの。

3 30分後ぐらいよ。

解説 When will you finish? は、いつhomework「宿題」が終わるのかを聞いています。時間を答えているのは**3**で、inは「（時間が）〜たったら」という意味で使われています。minute(s) は「分」です。**2**のthirstyは「のどが渇いた」という意味の形容詞です。

No. 4　解答 **3**

☆：Hello. Can I help you?

★：I'd like two cheeseburgers.

☆：Would you like something to drink?

1 You, too.

2 Have a nice day.

3 No, thanks.

☆：こんにちは。いらっしゃいませ。

★：チーズバーガーを2つください。

☆：お飲み物はいかがですか。

1 あなたも。

2 よい1日を過ごしてください。

3 いいえ、けっこうです。

解説 店員と客の会話です。店員のWould you like 〜?は「〜はいかがですか」の意味で、something to drink「飲み物」を注文するかどうかをたずねています。これに対して注文する場合はYes, I'd like 〜., 注文しない場合はNo, thanks.のように答えます。

No. 5　解答 2

★: How long will you stay in Japan?
☆: About two weeks.
★: Will you climb Mt. Fuji?
1 When I was six.
2 No, I won't.
3 That's too long.

★: 日本にはどのくらい滞在するの？
☆: 約2週間よ。
★: 富士山には登るの？
1 私が6歳のときに。
2 いいえ，登らないわ。
3 それは長すぎるわ。

解説　男の子がwill you ～?を含む質問を繰り返しているので，話の内容が未来のことであるのがわかります。Will you ～? と聞かれたときの答え方は，Yes, I will. かNo, I won't. が基本です。willの否定形はwon'tで，その音はwantと間違えやすいことに注意しましょう。

No. 6　解答 3

☆: Do you know that man?
★: Yes. That's Mr. Yamamoto.
☆: Is he your friend?
1 I don't go to his house.
2 He's running fast.
3 He's my Japanese teacher.

☆: あの男性を知っているの？
★: うん。あれは山本先生だよ。
☆: あなたの友だちなの？
1 ぼくは彼の家には行かないよ。
2 彼は速く走っているね。
3 彼はぼくの日本語の先生だよ。

解説　「あなたの友だちですか」という質問に対して，男性はYes / Noを言わずに，「ぼくの先生です」とその人との関係を説明しています。日常会話では，状況や必要に応じて，言わなくてもわかることは省略することがあります。自然な流れを意識して答えを選びましょう。

No. 7　解答 1

★: Hello. May I speak to Stephanie?
☆: Sorry, but she's not here now.
★: When will she be back?
1 At around noon.
2 That's interesting.
3 Speaking.

★: もしもし。ステファニーはいますか。
☆: あいにく，今ここにはいないのよ。
★: いつ戻ってきますか。
1 12時ごろよ。
2 それはおもしろいわね。
3 私です。

解説　May I speak to ～?は電話で使われる表現で，「～と話してもいいですか，～はいますか」の意味です。最後にWhen will she ～?「彼女はいつ～しますか」とたずねているので，時間を答えている**1**が正解です。**3**のSpeaking.は「（電話で）私ですが（= Stephanie is speaking.）」という意味です。

No. 8　解答 2

☆：Paul, don't use the computer.
★：Why not? I want to send an e-mail.
☆：I'm using it now.
1 I got it last week.
2 OK. I'll use it after lunch.
3 Thanks for coming.

☆：ポール，そのコンピューターを使わないで。
★：どうしてだめなの？　Eメールを送りたいんだ。
☆：今，使っているのよ。
1 先週，それを手に入れたんだ。
2 わかった。昼食後にそれを使うよ。
3 来てくれてありがとう。

解説　I'm using it now.のitは，the computer「そのコンピューター」のことです。コンピューターを使わないように言われたポールが，どのように応答すれば適切かを考えます。正解は**2**のOK. I'll use it after lunch.「わかった。昼食後にそれを使うよ」です。

No. 9　解答 1

☆：Will you come to the party today, Sean?
★：Yes, Avery. How about you?
☆：Of course. See you there.
1 OK. I can't wait.
2 She'll come later.
3 Three minutes.

☆：今日のパーティーに来るの，ショーン？
★：うん，エイブリー。君は？
☆：もちろん行くわ。そこで会いましょう。
1 わかった。待ちきれないよ。
2 彼女は後で来るよ。
3 3分だよ。

解説　エイブリーのSee you ...は本来I'll see you ...「私はあなたに会います」ですが，このようなことばに対してOK.「わかりました」と答えるのがここでは自然です。日常会話では，「疑問文とその応答」の形ではないことも多いので注意しましょう。I can't wait.は「待ちどおしい」という意味です。

No. 10　解答 1

★：Did you make this spaghetti, Dolly?
☆：Yes, I did. How is it?
★：You're a good cook.
1 Thank you.
2 No problem.
3 This is my mother.

★：このスパゲティは君が作ったの，ドリー？
☆：そうよ。どうかしら？
★：君は料理がじょうずだね。
1 ありがとう。
2 問題ないわ。
3 こちらは私のお母さんよ。

解説　How is it?「どう？」と感想を求められて，This is good. やI like it.などを飛ばして，You are a good cook.「よい料理人だ」とほめています。ほめられたときは素直にお礼を言います。英語ではプロでなくともYou're a good tennis player〔pianist〕.などと言ってほめます。

No. 11 [解答] 2

★：Jenny, are you free this Sunday?
☆：Sunday? Yes, I think so.
★：I'm going to have a party at my house for Tom's birthday. Can you come?
☆：Yes, of course.
Question: What will Jenny do this Sunday?

★：ジェニー, 今度の日曜日はひま？
☆：日曜日？ ええ, ひまだと思うわ。
★：トムの誕生日パーティーをぼくの家ですることを計画しているんだ。来られる？
☆：ええ, もちろん。
質問：ジェニーは今度の日曜日に何をしますか。

1 パーティーを計画する。　**2** トムの誕生日パーティーに行く。
3 誕生日ケーキを作る。　**4** 誕生日プレゼントを買う。

[解説] Can you come?「来られる？」に対して, ジェニーはYesと答えています。どこへ行くかについては, その前で男性が言っているI'm going to have a party at my house for Tom's birthday. を理解する必要があります。

No. 12 [解答] 1

☆：When does the next bus come?
★：At 9:15. We have to wait for 10 more minutes.
☆：We'll be late for the concert. It starts at 9:30.
★：Then let's take a taxi.
Question: When is the next bus?

☆：次のバスはいつ来るの？
★：9時15分だよ。もう10分待たなくちゃならないね。
☆：コンサートに遅れちゃうわ。9時30分に始まるのよ。
★：それじゃ, タクシーに乗って行こう。
質問：次のバスはいつですか。

1 9時15分。　**2** 9時25分。
3 9時30分。　**4** 9時40分。

[解説] 質問ではthe next bus「次のバス」がいつかをたずねています。時刻は9:15（nine fifteen）と, 9:30（nine thirty）の2つが出てきますが, 9:30はコンサートが始まる時間なので, バスが来る9:15と混同しないようにしましょう。

Day 6

No. 13　解答 4

★：Hello.　This is David.　May I talk to Cindy?
☆：Hi, David.　Cindy is at the city library.
★：OK, I'll call back later.
☆：Thank you.
Question: What is the boy going to do?

★：もしもし。デイビッドです。シンディはいますか。
☆：こんにちは，デイビッド。シンディは市の図書館にいるわよ。
★：わかりました，後で電話します。
☆：ありがとう。
質問：男の子は何をしますか。

1 図書館へ行く。　　　　　　　**2** 自分の母親と話す。
3 シンディの家に来る。　　　　**4** シンディにもう一度電話する。

解説　May I talk to ～? は電話での会話の決まり文句で，「～さんはいますか，～さんをお願いします」という意味です。ここでは「今は図書館にいる」との答えがあったので「後で電話します」と答えています。call back は「後でかけ直す」という意味。

No. 14　解答 2

☆：Dan, can I use your pencil?
★：Sure, Lucy.　But where's yours?
☆：I left my pencil case at home.
★：OK.　Here you are.
Question: Where is Lucy's pencil case?

☆：ダン，鉛筆を借りてもいいかしら？
★：いいよ，ルーシー。でも，君のはどこにあるの？
☆：筆箱を家に置いてきちゃったのよ。
★：そうなんだ。はい，どうぞ。
質問：ルーシーの筆箱はどこにありますか。

1 学校に。　　　**2** 自分の家に。　　　**3** ダンの家に。　　　**4** 博物館に。

解説　会話では，ルーシーの pencil case「筆箱」がどこにあるかをダンがたずねています。I left my pencil case at home. の聞き取りがポイントです。at home を，正解の**2**では house を使って言い換えています。where's yours? は where is your pencil? ということです。

No. 15　解答 4

★：Are you going home, Lisa?
☆：No, Adam.　I'm going to the school library.　I have to finish my report.
★：What is the report about?
☆：It's about my hometown.
Question: What will Lisa do now?

★：家に帰るの，リサ？
☆：いいえ，アダム。学校の図書館へ行くの。レポートを仕上げなくちゃならないのよ。
★：何についてのレポートなの？
☆：私の故郷についてよ。
質問：リサは今から何をしますか。

1 自分の故郷を訪ねる。　　　　**2** アダムの宿題を手伝う。
3 アダムといっしょに帰宅する。　**4** レポートを書く。

解説　Are you going home, Lisa? に対してリサは No と答えているので，**3**を選ばないようにします。No, Adam. に続くリサの発言から「学校の図書館へ行って，レポートを完成させる」ことがわかります。正解の**4**では，finish の代わりに write が使われています。

No. 16 解答 3

★：Whose computer is this, Mary?
☆：It's my father's, Jake. But he's going to buy a new one.
★：Will he give the old one to you?
☆：No, my brother will use it.
Question: Who will buy a new computer?

★：これはだれのコンピューターなの，メアリー？
☆：父のよ，ジェイク。でも，新しいのを買うんだって。
★：お父さんは古いコンピューターを君にくれるの？
☆：いいえ，兄 [弟] が使うの。
質問：だれが新しいコンピューターを買いますか。

1 メアリー。　　**2** ジェイク。
3 メアリーの父親。　　**4** メアリーの兄 [弟]。

解説　But he's going to buy a new one. の he は，その前にある my father，メアリーの父親を指しています。one は computer の代わりに使われています。my father's は my father's computer「父親のコンピューター」を短く表現したもので，he's は he is の短縮形です。

No. 17 解答 2

☆：What are you doing, Joe?
★：I'm looking for my cap, Mom.
☆：Did you look in the kitchen?
★：No. I'll do that now.
Question: What is Joe's problem?

☆：何をしているの，ジョー？
★：ぼくの帽子を探しているんだよ，お母さん。
☆：台所を見た？
★：ううん。今そうするね。
質問：ジョーの問題は何ですか。

1 彼は学校に遅刻した。　　**2** 彼は帽子が見つからない。
3 彼は台所で食事をすることができない。　　**4** 彼は家に昼食を置き忘れた。

解説　質問の problem は「困ったこと，問題」という意味で，ジョーがどうして困っているかをたずねています。look for ～ は「～を探す」で，cap「帽子」を探している場面だとわかります。正解の **2** では can't find ～「～を見つけることができない」と表現しています。

No. 18 解答 4

★：Do you want to come to tomorrow's baseball game with me?
☆：I'd love to.
★：It starts at six o'clock.
☆：OK. I'll meet you at five at the stadium.
Question: What are they talking about?

★：明日の野球の試合にぼくといっしょに行かない？
☆：ぜひ行きたいわ。
★：6時に試合開始だよ。
☆：わかったわ。球場で5時に会いましょう。
質問：彼らは何について話していますか。

1 野球の試合のチケットを購入すること。　　**2** 自分たちが好きな野球のチーム。
3 いっしょに野球をすること。　　**4** 野球の試合を見に行くこと。

Day
6

67

質問がWhat are they talking about? なので，全体として話題が何であるかをつかむようにします。baseball game「野球の試合」，stadium「球場」などのキーワードから，2人が「野球の試合を見に行くこと」について話し合っていることを理解します。stadiumの発音にも注意しましょう。

No. 19 解答 1

★：May I help you?

☆：Yes. Do you have any T-shirts?

★：Sure. How about this one?

☆：It's nice, but I don't like blue. Thanks, anyway.

Question: Why didn't the woman buy the T-shirt?

★：ご用件をお伺いいたしましょうか。

☆：お願いします。Tシャツはありますか。

★：はい。これはいかがですか。

☆：すてきだけど，青は好きじゃないんです。ありがとうございました。

質問：女性はなぜTシャツを買わなかったのですか。

1 彼女はその色が好きではなかった。　**2** それは彼女には大きすぎた。
3 店が閉まっていた。　**4** その店はTシャツを置いていなかった。

解説　女性はIt's nice,「それはすてきですね」の後に，but I don't like blue.「でも青は好きではありません」と言っていることに注意します。つまり，color「色」が気に入らなかったことが，Tシャツを買わなかった理由です。質問がWhy didn't the woman ...? という否定の疑問文であることにも気をつけましょう。

No. 20 解答 2

☆：Scott, can you come and help me?

★：Yes, Mom.

☆：Could you move this desk into your sister's room? It's too heavy for me.

★：Sure.

Question: What will Scott do for his mother?

☆：スコット，ちょっと来て手伝ってくれない？

★：いいよ，お母さん。

☆：この机をお姉ちゃん［妹］の部屋に入れてくれない？　私には重すぎるわ。

★：わかったよ。

質問：スコットはお母さんのために何をしますか。

1 台所へ来る。　**2** 机を動かす。
3 自分の部屋を掃除する。　**4** 彼女に新しい机を買う。

解説　母親が頼んだのは，move this desk into your sister's room「この机を姉［妹］の部屋の中に入れる」です。選択肢にそのままの表現があるので，**2**のMove the desk.「机を動かす」が正解となります。

No. 21 解答 2

Amy likes reading books. She often goes to the city library. She is going to read books about lions tomorrow.

Question: What will Amy read at the library tomorrow?

エイミーは読書が好きです。よく市の図書館へ行きます。彼女は明日，ライオンに関する本を読むつもりです。

質問：エイミーは明日，図書館で何を読む予定ですか。

1 食べ物についての本。 **2** 動物についての本。
3 スポーツについての本。 **4** 建物についての本。

解説 She is going to read books about lions ... を確実に聞き取ります。このlions「ライオン」が選択肢ではanimals「動物」となっていますので，注意しましょう。

No. 22 解答 3

Tom's family likes sports. His sister plays basketball, and his father plays tennis. Tom and his mother don't play any sports, but they like watching them on TV.

Question: Who plays tennis?

トムの家族はスポーツが好きです。彼の姉［妹］はバスケットボールをし，父親はテニスをします。トムとトムの母親は何もスポーツをしませんが，テレビでそれらを見るのが好きです。

質問：だれがテニスをしますか。

1 トム。 **2** トムの姉［妹］。 **3** トムの父親。 **4** トムの母親。

解説 his sister → plays basketball, his father → plays tennis, Tom and his mother → like watching them on TV というように，人と結びつけながら各情報を整理します。2回目のリスニングでは，質問にあるplays tennisに注意して聞くようにします。

No. 23 解答 4

I'm busy every day. From Monday to Friday, I have band practice. On Saturdays, I have a piano lesson. On Sundays, I have to do a lot of homework.

Question: What does the girl do on Saturdays?

私は毎日忙しいです。月曜日から金曜日までは，バンドの練習があります。毎週土曜日は，ピアノのレッスンがあります。毎週日曜日には，たくさんの宿題をやらなくてはなりません。

質問：女の子は毎週土曜日に何をしますか。

1 バンドで音楽の練習をする。　　**2** コンサートを見る。
3 宿題をする。　　**4** ピアノのレッスンに行く。

解説　From Monday to Friday → band practice「バンドの練習」，Saturdays → piano lesson「ピアノのレッスン」，Sundays → homework「宿題」というように，曜日と各行動を結びつけて聞きましょう。質問ではon Saturdaysのことをたずねていることに注意します。

No. 24 解答 1

Five students from Singapore will come to my school tomorrow. They will stay with us for two weeks. I'm going to show them around the school in the morning.

Question: What is the boy talking about?

シンガポールから5人の生徒が，明日ぼくの学校へやって来ます。彼らは2週間，ぼくたちのところに滞在します。ぼくは午前中，彼らに学校を案内することになっています。

質問：男の子は何について話していますか。

1 シンガポールから来る生徒。　　**2** 自分の町の新しい学校。
3 シンガポールでの滞在。　　**4** テレビ番組。

解説　質問のWhat is ～ talking about?は，「～は何について話していますか」という意味です。最初のFive students from Singaporeが話題で，それ以降のTheyやthemは，この生徒たちを指します。〈show ＋人＋ around ＋場所〉は，「（人）に（場所）を案内する」という意味。

No. 25 解答 1

Martin works at a restaurant. There was a summer festival near the restaurant today, so many people came to his restaurant. He was very busy, so he was tired.

Question: Why was Martin tired today?

マーチンはレストランで働いています。今日，レストランの近くで夏祭りがあったので，たくさんの人が彼のレストランへやって来ました。彼はとても忙しかったので，疲れました。

質問：マーチンは今日なぜ疲れたのですか。

1 彼はレストランで忙しかった。　　**2** 彼は夏祭りに行った。
3 彼は昼食を食べることができなかった。　　**4** 彼はたくさんの友だちと外出した。

解説 最後に ..., so he was tired「だから彼は疲れた」とありますが，その理由は前のHe was very busyで，具体的にはレストランでの仕事が忙しかったということです。マーチン自身がsummer festival「夏祭り」に行ったわけではないので，**2**は不正解です。

No. 26　解答 4

Rick visited New York with his family last winter. He took many pictures of the tall buildings there. He enjoyed watching a football game, too.

Question: What did Rick do in New York?

リックは昨年の冬に，家族といっしょにニューヨークへ行きました。そこで，高層ビルの写真をたくさん撮りました。彼はまた，フットボールの試合も見て楽しみました。

質問：リックはニューヨークで何をしましたか。

1 彼は自分の家族を訪ねた。
3 彼は家を建てた。
2 彼はフットボールをした。
4 彼は写真をたくさん撮った。

解説 リックがニューヨークで何をしたかについては，①took many pictures of the tall buildings，②enjoyed watching a football gameの2つが説明されています。このうち，①を短くしたのが正解の**4**です。自分でフットボールをしたわけではないので，**2**ではありません。

No. 27　解答 2

Welcome to Thomas Movie Theater. You can buy tickets for the five o'clock show from one o'clock at the front desk. Thank you.

Question: When can people buy tickets at the front desk?

トーマス映画館へようこそ。5時上映のチケットは，受付で1時からお買い求めいただけます。ありがとうございます。

質問：チケットは受付でいつ買うことができますか。

1 11時から。　　**2** 1時から。　　**3** 2時から。　　**4** 5時から。

解説 tickets for the five o'clock showがひとまとまりで，「5時に始まる映画のチケット」という意味になります。You can buy tickets ... from one o'clockとあるので，チケットは1時から買えるということです。front deskは「受付，フロント」です。

No. 28　解答 2

Judy's uncle works at a bank. Now he is working in London. He often writes to her. When she gets a letter, she writes him back right away.

Question: What does Judy's uncle often do?

ジュディーのおじさんは銀行に勤めています。今はロンドンで仕事をしています。彼はよく，ジュディーに手紙を書きます。ジュディーは手紙をもらうと，すぐにおじさんに返事を書きます。

質問：ジュディーのおじさんはよく何をしますか。

1 彼はジュディーを自分の銀行へ連れて行く。
2 彼はジュディーに手紙を送る。
3 彼はジュディーにロンドンで会う。
4 彼はジュディーに電話する。

3文目のHe often writes to her.のHeはJudy's uncle，herはJudyのことです。write to ～は「～に手紙を書く」という意味です。正解の**2**ではsends letters to ～「～に手紙を送る」が使われています。4文目のshe gets a letter「手紙をもらう」もヒントになります。

No. 29 解答 **3**

I visit my grandmother on her birthday every year. It is her birthday this Sunday, but I'm busy then. So, I'm going to go to her house on Saturday afternoon.

Question: When will the girl visit her grandmother?

私は毎年，おばあちゃんの誕生日に，おばあちゃんを訪ねます。今度の日曜日がおばあちゃんの誕生日なのですが，そのときは私は忙しいです。だから，私は土曜日の午後におばあちゃんの家に行くつもりです。

質問：女の子はいつ祖母を訪ねますか。

1 今日の午後。　　　　　　　　**2** 土曜日の午前中。
3 土曜日の午後。　　　　　　　**4** 今度の日曜日。

解説　～. So, ...「～。だから…」という流れに注意します。this Sunday「今度の日曜日」がおばあちゃんの誕生日ですが，そのときは忙しいので，I'm going ... on Saturday afternoon「土曜日の午後に行く」と言っています。最後までしっかりと聞いて判断しましょう。

No. 30 解答 **2**

Last Saturday, Kevin went fishing with his father. In the morning, they didn't catch any fish. In the afternoon, Kevin caught three fish and his father caught four.

Question: How many fish did Kevin's father catch?

この前の土曜日，ケビンはお父さんと釣りに行きました。午前中は，魚がまったく釣れませんでした。午後はケビンが3匹，お父さんは4匹釣りました。

質問：ケビンのお父さんは何匹の魚を釣りましたか。

1 3匹。　　　**2** 4匹。　　　**3** 7匹。　　　**4** 10匹。

解説　ケビンが父親と釣りに行ったことを，まず正しく聞き取りましょう。質問はHow many fishで始まり，釣った魚の数をたずねています。threeはケビン，fourはケビンの父親が釣った魚の数です。両者を混同しないように気をつけましょう。

筆記試験&リスニングテスト
解答と解説

問題編 p.78〜91

筆記

1

問題	1	2	3	4	5	6	7	8	9	10	11	12	13	14	15
解答	3	3	2	4	3	4	2	2	1	4	3	4	2	3	4

2

問題	16	17	18	19	20
解答	2	1	2	3	2

3

問題	21	22	23	24	25
解答	2	4	1	3	4

4

			A		B			C		
問題	26	27	28	29	30	31	32	33	34	35
解答	3	4	2	3	2	3	2	3	2	1

リスニング

第1部

問題	1	2	3	4	5	6	7	8	9	10
解答	3	1	2	2	1	2	1	3	2	3

第2部

問題	11	12	13	14	15	16	17	18	19	20
解答	2	1	1	3	3	1	1	4	2	2

第3部

問題	21	22	23	24	25	26	27	28	29	30
解答	2	4	1	2	2	1	3	1	3	3

1

(1) 解答 **3**
A「学校で何か外国語を勉強しているの, ティム?」
B「うん。今年はフランス語を勉強しているんだ」
1 情報　**2** 国　**3** 言語　**4** 質問
解説 BはI'm studying French ...「フランス語を勉強している」と答えているので, foreign languages「外国語」とします。

(2) 解答 **3**
「外で奇妙な音が聞こえたので, アリスは窓の外を見ました」

1 役に立つ　　　**2** 自由な
3 奇妙な　　　　**4** 暗い
解説 heard (hearの過去形)「〜が聞こえた」のがどんなsound「音」だったのかを考えます。outsideは「外の」の意味です。

(3) 解答 **2**
A「君の猫はどこにいるの, ランディー?」
B「食卓の下で寝ているよ」
1 〜のために　　　**2** 〜の下で
3 〜といっしょに　**4** 〜の
解説 Aは猫の居場所を聞いています。the dining table「食卓」とつながるのは, under「〜の下で[に]」です。

(4) 解答 **4**

A「あなたはどんなテレビ番組が好きですか」

B「私はクイズ番組が好きです」

1 歌手　　　　　　**2** 授業

3 岩　　　　　　　**4** 番組

解説　What kind of ～「どんな種類の～」には作品名などではなく，ジャンルを答えます。「番組」はshowとも言います。

(5) 解答 **3**

「私の猫はたった1か月前に生まれたのでとても小さいです」

1 くもっている　　**2** おもしろい

3 生まれた　　　　**4** 広い

解説　〈主語 + was［were］born〉の形で「(主語)は生まれた」という意味になります。この形でそのまま覚えましょう。

(6) 解答 **4**

「その作家の次の本の題名は『あなたの古いトランペット』です」

1 サイズ　　　　　**2** 漫画

3 図書館　　　　　**4** 題名

解説　△△of ～で「～の△△」のように日本語と順序が異なることに注意しましょう。題名は最初の字が大文字になります。

(7) 解答 **2**

「ケンは兄［弟］とキャッチボールをしているときに，窓を割ってしまいました」

1 ～を書いた　　　**2** ～を壊した

3 ～を食べた　　　**4** ～を置いていった

解説　空所に入る動詞の目的語がthe window「窓」なので，broke「～を壊した［割った］」が正解です。

(8) 解答 **2**

A「その飛行機は何時に成田空港に着きますか」

B「4時30分です」

1 ～が聞こえる

2 （arrive at ～ で）～に着く

3 歩く

4 ～を磨く

解説　空所の後のatとの組み合わせで考えます。arrive at ～ で「～に到着する」になります。Bの時刻のAtと区別しましょう。

(9) 解答 **1**

A「数学のテストの勉強はしたの，グレッグ？」

B「うん，でもまだそのことが心配なんだ」

1 （be worried about ～ で）～を心配している

2 難しい

3 疲れた

4 うれしい

解説　BのYes, but ...「はい（数学のテストの勉強はしました），でも…」の流れに注意します。最後のitはthe math testを指します。

(10) 解答 **4**

「今度の土曜日，家族といっしょにピクニックに行きます」

1 ～の中に

2 外に

3 ～といっしょに

4 （go on a picnic で）ピクニックに行く

解説　go on a picnicで「ピクニックに行く」という熟語です。go on a trip「旅行に行く」などもあわせて覚えておきましょう。

(11) 解答 **3**

「ジェフはいろんなスポーツが好きです。例えば，彼はサッカー，野球，そしてバレーボールをします」

1 1つ

2 人生

3 （for example で）例えば

4 頭

解説　many kinds of ～ は「たくさんの種類の～」の意味です。具体的な例をあげるときに使う表現が，for example「例えば」

です。

(12) 解答 4

「私の父親は晩に帰宅した後，シャワーを浴びました」
1 〜を与えた
2 行った
3 〜を持ち続けた
4 （took a shower で）シャワーを浴びた
解説 空所の後の a shower「シャワー」に注目し，take a shower「シャワーを浴びる」という表現を作ります。

(13) 解答 2

「トムはやらなければならないことがとてもたくさんあったので，昨晩遅い時間に寝ました」
解説 〈so many things「とてもたくさんのこと」＋ to do「やらなければならない」〉と

いう構造になっています。

(14) 解答 3

A「ブラウン夫妻は明日日本へ来ますか」
B「はい。空港で彼らに会うことになっています」
1 彼らは　　　　　　2 彼らの
3 彼らに　　　　　　4 彼らのもの
解説 空所に入る語は，meet「〜に会う」の目的語になります。したがって，they の目的格である them が正解です。

(15) 解答 4

「明日パーティーがありますが，マイケルはサッカーの試合があるので来ません」
解説 tomorrow の話なので，will か be going to を使って表すのが基本です。否定の will not の短縮形が won't です。

2

(16) 解答 2

息子「お母さん，ショーンの家に行ってもいい？」
母親「いいわよ，でも外出する前に，宿題を終わらせなさい」
1 まだお腹がすいているの？
2 ショーンの家に行ってもいい？
3 何が問題なの？
4 これはどう？
解説 母親が「あなたが外に行く前に」と言っているので，son「息子」が外出しようとしていることがわかります。Can I 〜? は「〜してもいい？」と許可を求める表現です。

(17) 解答 1

男性「今日の午後テニスをしようか」
女性「ええ，しましょう」
1 はい，しましょう。
2 はい，そうです。

3 どうもありがとう。
4 どういたしまして。
解説 Shall we 〜? は「〜しましょうか」の意味で，提案したり，相手を誘う場合に用います。これに対して賛成するときは，Yes, let's. や That's a good idea. のように答えます。

(18) 解答 2

女性「すみません。市の図書館へ行きたいんですが。どこでバスを降りたらいいですか」
男性「次のバス停です」
1 電車で。
2 次のバス停です。
3 約5分かかります。
4 そこへ行ったほうがいいです。
解説 get off 〜 は「（乗り物）を降りる」で，女性はどこでバスを降りたらいいか聞いています。正解の 2 の stop は，「バス停」の意

味です。

(19) 解答 3

女の子「ジャック，ジルの誕生日に何をあげたらいいかしら？」

男の子「CDはどうかな？　彼女は音楽を聞くのが好きだからね」

1 どこへ行くの？

2 彼女の誕生日はいつ？

3 CDはどうかな？

4 彼女に何を買ったの？

解説　女の子の... what should I give 〜?「何を〜にあげたらいい？」という質問に対応しているのは，提案をするときに使うHow about 〜?「〜はどう？」です。

(20) 解答 2

男性「これはいいTシャツですけど，ぼくは灰色のはほしくありません。他の色はありますか」

店員「はい。赤，青そして黄色がございます」

1 ぼくは同じセーターを持っています。

2 ぼくは灰色のはほしくありません。

3 あなたはこの帽子をかぶってみる必要があります。

4 あなたはこれを買わなくてもいいです。

解説　Do you have another color?がヒントです。another「もう1つの，別の」colorがあるかという意味です。one「もの」は同じ語（a T-shirt）を繰り返す代わりに使います。

3

(21) 解答 2

正しい語順　Did (you **have** a good time **at** the party)?

解説　疑問文なので，文頭に出ているDidの後に主語のyouを持ってきます。「楽しかった」は「楽しいひとときを過ごす」と考え，have a good timeとします。最後に「パーティーは」を「パーティーでは」ととらえ，at the partyとつなげます。

(22) 解答 4

正しい語順　Mary (knows **a lot of things** about) animals.

解説　主語Maryの次には，動詞のknows「〜を知っている」がきます。knowsの目的語になるのは「たくさんのこと」で，a lot of thingsとします。最後にthingsを説明するabout 〜「〜について」を続けます。

(23) 解答 1

正しい語順　You (must **not** be **late** for) the meeting, Terry.

解説　mustは「〜しなければならない」ですが，must not 〜 は「〜してはいけません」という意味になります。この後には動詞の原形（ここではbe）がくることに注意します。「〜に遅れる」はbe late for 〜 とします。

(24) 解答 3

正しい語順　Your (sister **can** play **the piano** as well as) you.

解説　最初のYourに続くのはsisterとなります。その後の「ピアノが弾けます」はcan play the pianoでつながります。「あなたと同じぐらいじょうずに」を最後に置き，as well as you の順序となります。

(25) 解答 4

正しい語順　Keiko (was **not** at **home** when) I called her last night.

解説　否定文なので，主語Keikoの後はwas not「いなかった」です。次に場所を表すat home「家に」がきます。whenは文末に出ているI called her以降とつながります。

全訳

ミラー中学校の生徒へ

ミラー市立公園の清掃をお願いします！
清掃は朝の6時に始まり，9時までには終了します。

ボランティアの参加者がすることは：
・カンやビンを拾う
・池をきれいにする
・葉っぱを袋に入れる

ボランティアの人たちは後で，無料でジュースをもらえます！
参加希望の場合は，アンディー・ジャクソンかメガン・ライスにお話しください。

(26) 解答 **3**

「この掲示はだれに向けたものですか」
1 メガン・ライスの友だち。

2 アンディー・ジャクソンの両親。
3 ミラー中学校の生徒たち。
4 ミラー中学校の先生たち。

解説 Who is ～ for? は「～はだれのためのものですか」という意味で，ここではthis notice「この掲示」がだれに向けたものであるかをたずねています。いちばん上の太い字で書いてあるのが，この掲示の呼びかけです。

(27) 解答 **4**

「ボランティアの人たちは何をしますか」
1 池で泳ぐ。　　**2** 木を植える。
3 ジュースを買う。　**4** カンやビンを拾う。

解説 ボランティアの人たちがすることは，掲示のVolunteers will: 以下に書かれている3つです。そのうち，最初に示されているものが正解です。pick up ～は「～を拾う」。can(s)は「カン」という名詞です。助動詞のcanではないことに注意します。

4B

全訳

差出人：タカハシ　ミドリ
受取人：ミシェル・ベル
日付：6月15日
件名：弟の誕生日

こんにちは，ミシェル，
今度の日曜日は弟の誕生日なの。11歳になるのよ。弟はサッカーをするのが大好きだから，新しいサッカーボールを買ってあげたいの。昨日，家の近くの商店街に行ったんだけど，サッカーボールをひとつも売っていなかったのよ。いいスポーツ店を知ってる？それで，もし時間があるなら，私をそこへ連れて行ってくれる？
それじゃ，

ミドリ

差出人：ミシェル・ベル
受取人：タカハシ　ミドリ
日付：6月15日
件名：スポーツ店

こんにちは，ミドリ，
Eメールをありがとう。ルイビルに大きなデパートがあるの。そこでサッカーボールを買えると思うわ。そこへ行くのに自転車だと30分ぐらいかかるけど，電車で行けばほんの10分よ。今週の土曜日に，あなたといっしょに行けるわ。
またね，
ミシェル

(28) 解答 2

「ミドリはなぜ家の近くの商店街へ行ったのですか」
1 彼女は弟に会いたかったから。
2 彼女は弟にプレゼントを買いたかったから。
3 ルイビルの店が閉まっていたから。
4 ルイビルの店にサッカーボールがまったくなかったから。

解説 最初のEメールの4文目に, I went to the mall near my house yesterday, ... とあります。ミドリがそうした理由は, その前の ... I want to get him a new soccer ball です。さらに, 1文目にある my brother's birthday から, 弟への誕生日プレゼントを買おうとしたことがわかります。

(29) 解答 3

「ミドリはどこに行きたいのですか」
1 サッカーのグラウンド。
2 ルイビルにある駅。
3 スポーツ店。
4 ミシェルの誕生日パーティー。

解説 最初のEメールの最後から2番目の文はDo you know ～?「～を知っていますか」で始まっているので, これがミドリが行きたい場所です。2番目のEメールの件名がA sports store となっていることからもわかります。

(30) 解答 2

「自転車で行くと店までどのくらいの時間がかかりますか」
1 10分。 2 30分。 3 45分。 4 60分。

解説 〈it takes ＋時間＋(from A) to B by bike〉で「自転車で(Aから)Bまで行くと～の時間がかかる」という表現になります。2番目のEメールの4文目にIt takes about 30 minutes to the store by bike と書いてあるので, 正解は2です。

4C

全訳

ピーターと柔道

　ピーターは12歳です。昨年, 家族といっしょにニューヨークから神戸に引っ越してきました。お父さんがそこで仕事に就いたからです。ピーターが外国で暮らすのは初めてでした。ピーターは日本語が話せなかったので, 学校ではまったく友だちがいませんでした。
　ある日, ピーターのクラスメートの1人であるケンタが彼に, 「普段, 放課後は何をしているの？」と英語でたずねてきました。ピーターは, 「家でよくテレビゲームをしているよ。君は？」と答えました。ケンタは, 「ぼくは柔道クラブに入っているんだ。毎週月曜日, 水曜日, 金曜日の放課後に練習しているんだ。ぼくたちのクラブに入らない？」と言いました。「うん, 君たちのクラブに入りたいな」とピーターは言いました。
　ピーターは柔道を練習し始めました。6か月後には, 柔道が得意になりました。夏休みが始まる直前に, コーチがピーターに, 「もうすぐ柔道の大会があるんだ。それに出ていいよ」と言いました。ピーターはそれを聞いてわくわくしました。彼は一生懸命練習して, 大会では3試合に勝ちました。彼は大いに楽しみました。

(31) 解答 3

「ピーターのお父さんは昨年何をしましたか」
1 彼はニューヨークで新しい仕事に就いた。
2 彼は家族といっしょにニューヨークへ引っ越した。
3 彼は神戸で働き始めた。
4 彼はピーターに日本語を教えた。

解説 Last year「昨年」で始まる第1段落の2文目を見ます。その後半にhis father got a job there「そこで仕事に就いた」とありますが，このthereは前半のKobeを指しています。

(32) 解答 2

「最初，ピーターに友だちがまったくいなかった理由は」
1 彼は学校でとても忙しかったから。
2 彼は日本語を話せなかったから。
3 彼はクラスメートに親切ではなかったから。
4 彼は家にいることが好きだったから。
解説 第1段落の最終文にPeter couldn't speak Japanese「ピーターは日本語が話せなかった」とあります。その結果起こったことが次の so 以降でhe didn't have any friends at school「学校ではまったく友だちがいなかった」と説明されています。

(33) 解答 3

「柔道クラブはどれくらいの頻度で練習がありますか」
1 週に1度。　　　2 週に2度。
3 週に3度。　　　4 毎日。
解説 質問のHow oftenは「どのくらいの頻度で，何回」の意味です。ケンタが柔道クラブの話をしている第2段落の後半に，

We practice every Monday, Wednesday and Friday after school.とあります。つまり「週に3回練習がある」と言っています。

(34) 解答 2

「半年たってから，ピーターは」
1 日本語を話すことがじょうずになった。
2 柔道クラブの有力なメンバーになった。
3 クラスメート全員と友だちになった。
4 テレビゲームがじょうずになった。
解説 第3段落の2文目にHe became good at judo after six months.とあります。ここから，正解は2となります。選択肢ではPeter became a good member of the judo club「柔道クラブの有力なメンバーになった」と言い換えられています。

(35) 解答 1

「ピーターはなぜわくわくしたのですか」
1 コーチが大会について彼に話した。
2 柔道クラブに新しい友だちができた。
3 コーチと柔道を練習した。
4 大会で5試合に勝った。
解説 第3段落の後ろから3文目にPeter was excited to hear that.とありますが，このthatの内容が，coach「コーチ，監督」がピーターに言ったYou can be in it.「大会に出られるよ」です。to hear that「それを聞いて」はexcitedの理由を表す不定詞です。

Listening Test

第1部　🔊133〜143　★＝男性，☆＝女性

No. 1　解答 3

☆：Hello.

★：Hello. I'd like a hamburger.

☆：OK. Would you like anything else?

1 It's 20 dollars.

2 With some friends.

3 I'd also like an orange juice.

☆：こんにちは。

★：こんにちは。ハンバーガーがほしいのですが。

☆：わかりました。他に何かいかがですか。

1 20ドルです。

2 数人の友だちといっしょです。

3 オレンジジュースもほしいです。

解説　Would you like anything else? は Do you want 〜? のていねいな言い方です。短く Anything else? とも言います。同様にI'd like 〜 は I want 〜 のていねいな表現で，ここでは2つ目の注文なのでalsoが入っています。juiceはお店などではa(n) やoneをつけます。

No. 2　解答 1

★：How old is your brother?

☆：He's twenty-two now.

★：Is he a college student?

1 No. He's a nurse.

2 No. He's my cousin.

3 No. He's very kind.

★：君のお兄[弟]さんは何歳？

☆：彼は今，22歳よ。

★：大学生なの？

1 いいえ。彼は看護師よ。

2 いいえ。彼は私のいとこよ。

3 いいえ。彼はとても親切よ。

解説　女の子の兄[弟]について話しています。「大学生？」と聞かれてNo. と答えた場合，会話の流れから，それに続くのは職業や仕事などの情報でしょう。nurseは現在では男女を問わず使われる職名です。cousinは特異な読み方をする単語です。発音を確認しておきましょう。

No. 3　解答 2

☆：Excuse me. Does this bus go to the city museum?

★：Yes.

☆：How long will it take?

1 You should take a taxi.

2 About 15 minutes.

3 That's right.

☆：すみません。このバスは市の博物館へ行きますか。

★：はい。

☆：どのくらい時間がかかりますか。

1 タクシーで行ったほうがいいですよ。

2 15分ぐらいです。

3 その通りです。

解説　ここでのHow long 〜? は「どのくらいの時間〜」で，city museum「市の博物館」までの所要時間をたずねています。takeは「(時間が) かかる」という意味で使われています。具体的に時間を答えている**2**が正解です。

No. 4　解答 2

★：How was your school trip?
☆：I really enjoyed it.
★：Can I see the pictures?
1 Great. Have a good time.
2 Sure. Here you are.
3 OK. See you then.

★：修学旅行はどうだった？
☆：とても楽しかったわよ。
★：写真を見てもいいかい？
1 いいわね。楽しんできてね。
2 もちろんよ。はい，どうぞ。
3 わかったわ。じゃあ，そのときに。

解説　女の子が行ってきたschool trip「修学旅行」が話題です。Can I ～? は「（自分が）～してもいいですか」という意味で，許可を求める表現です。Yesの代わりにSure.と言い，さらにHere you are.「はい，どうぞ」を加えています。これは相手に物を手渡すときの表現です。

No. 5　解答 1

☆：Oh no.
★：What's the matter, Sarah?
☆：I forgot to bring my textbook today.
1 It's OK, we can share mine.
2 No, that's not mine.
3 I'll call you tomorrow.

☆：ああ，どうしよう。
★：どうしたの，サラ？
☆：今日，教科書を持ってくるのを忘れたの。
1 いいよ，ぼくのをいっしょに使えるよ。
2 ううん，それはぼくのものじゃないよ。
3 明日君に電話するよ。

解説　〈forget to ＋動詞の原形〉は「～するのを忘れる」の意味で，ここでは過去形でI forgot to bring ～「～を持ってくるのを忘れた」と言っています。困惑している女の子に男の子がIt's OK, we can share mine.と助け舟を出します。shareは「～をいっしょに使う」という意味です。

No. 6　解答 2

☆：Who is that man, Mr. Yamada?
★：He's a new English teacher.
☆：I see. Is he from America?
1 No. He teaches music.
2 No. He's from Australia.
3 No. He went to America.

☆：あの男の人はだれですか，山田先生？
★：彼は新しい英語の先生だよ。
☆：わかりました。彼はアメリカ出身ですか。
1 いや。彼は音楽を教えているよ。
2 いや。彼はオーストラリア出身だよ。
3 いや。彼はアメリカに行ったよ。

解説　Is he from America?と出身地について聞かれて，No.と答えた後，それに続けて言うとしたら，やはり同じ系列の話題（ここでは出身地）となるのが会話の自然な流れです。選択肢の中で出身地に相当する情報を含んでいるのは**2**だけです。

No. 7　解答　1

★：Do you want to eat lunch together today?
☆：I'd love to.
★：How about the new Italian restaurant?
1 Sounds great.
2 To the store.
3 Sorry, I'm late.

★：今日，いっしょにお昼を食べない？
☆：喜んで。
★：新しくできたイタリア料理のレストランはどうかな？

1 いいわね。
2 お店へよ。
3 ごめんなさい，遅刻したわ。

解説　Do you want to ～?は「～しませんか，～したいですか」という意味です。How about ～?の聞き取りがポイントで，「～はどうですか」と相手に提案をしていることを理解します。これに対して，「それはいいですね」と答えるのがSounds great.です。

No. 8　解答　3

☆：Sam, when will you come back home today?
★：At about seven.
☆：Can you buy some eggs at the store?
1 No, thanks. I'm full.
2 Five dollars.
3 Sure. See you later.

☆：サム，今日は何時に帰ってくるの？
★：7時ごろだよ。
☆：お店で卵を買ってきてくれない？
1 いや，いいよ。お腹がいっぱいなんだ。
2 5ドルだよ。
3 わかった。それじゃ，行ってきます。

解説　Can you ～?「～してくれませんか」という依頼に対して，Sure.「わかりました，いいですよ」と答えている**3**が正解です。See you later.は「また後で，行ってきます」などの意味で，人と別れるときのあいさつです。**1**のfullは「お腹がいっぱいの」という形容詞です。

No. 9　解答　2

★：I'll go to a movie after school.
☆：That sounds nice.
★：Do you want to go with me?
1 She'll come later.
2 Of course, I do.
3 OK, see you tomorrow.

★：放課後に映画を見に行くんだ。
☆：それはいいわね。
★：いっしょに行きたい？
1 彼女は後で来るわ。
2 もちろん，行きたいわ。
3 わかったわ，また明日。

解説　映画の話に相手が興味を示したので，Do you want to ～ with me?「いっしょに～したいですか」と誘っています。Yes, I do.と言うのが基本ですが，ここではYesをもっと強めて，Of course, I do.と答えています。

No. 10　解答 3

☆：Your jacket is cool.	☆：あなたのジャケットかっこいいわね。
★：Thanks. I like it.	★：ありがとう。気に入っているんだ。
☆：Was it expensive?	☆：高かったの？
1 For seven days.	**1** 7日間だよ。
2 It was 15 meters.	**2** 15メートルだったよ。
3 It was 35 dollars.	**3** 35ドルだったよ。

解説　Was it expensive?「高価だったのか」とたずねられているので，値段に関連する返答をするのが自然な会話です。選択肢はそれぞれ〈数字＋ day（期間）／ meter（長さ）／ dollar（金額・値段）〉となっています。meter, dollar ともに日本語とはかなり違う発音です。

第2部　🔊 144〜154　★＝男性，☆＝女性

No. 11　解答 2

☆：What are you going to do this weekend, Peter?	☆：今週末は何をするの，ピーター？
★：I'm going to go to the new shopping center.	★：新しくできたショッピングセンターへ行くんだ。
☆：What are you going to do there?	☆：そこで何をするの？
★：I'm going to buy a soccer ball.	★：サッカーボールを買うんだ。
Question: What is Peter going to do this weekend?	質問：ピーターは今週末に何をしますか。

1 サッカーをする。　　　　　　**2** サッカーボールを買う。
3 駅に行く。　　　　　　　　　**4** サッカーの試合を見に行く。

解説　2回目の放送では，特にピーターの発話に注意して聞きます。I'm going to go to the new shopping center. からショッピングセンターへ行くこと，I'm going to buy a soccer ball. からサッカーボールを買うことがわかります。

No. 12　解答 1

★：Mom, I'm going to go to the bookstore now.	★：お母さん，これから書店に行ってくるね。
☆：Are you going to walk there?	☆：そこまで歩いて行くの？
★：No, I'll go by bike.	★：ううん，自転車で行くよ。
☆：OK. Be back before six.	☆：わかったわ。6時前には戻ってきてね。
Question: How will the boy go to the bookstore?	質問：男の子はどうやって書店に行きますか。

1 自転車で。　　**2** 車で。　　　　**3** バスで。　　　　**4** 歩いて。

母親の Are you going to walk there? に対して男の子は No と答えているので，**4** の On foot.「歩いて」を選ばないように気をつけます。I'll go by bike. から，**1** が正解です。by ～（交通手段）「～で，～を使って」の用法に慣れましょう。be back は「戻る」の意味です。

No. 13 解答 **1**

☆：Is this a picture of your grandmother, Hiroshi?

★：Yes, Karen. I took it last week.

☆：Oh, does she live near here?

★：Yes. She lives in Yokohama.

Question: What are they talking about?

☆：これはあなたのおばあさんの写真なの，ヒロシ？

★：そうだよ，カレン。先週それを撮影したんだ。

☆：あら，おばあさんはこの近くに住んでいるの？

★：うん。横浜に住んでいるんだ。

質問：彼らは何について話していますか。

1 ヒロシのおばあさん。 **2** カレンの横浜への旅行。
3 カレンの写真。 **4** ヒロシの趣味。

解説 最初の文にある，a picture of your grandmother「あなたのおばあさんの写真」をしっかりと理解します。ヒロシに対して言っていることなので，your grandmother はヒロシのおばあさんを指します。この後2回出てくる she もヒロシのおばあさんのことです。

No. 14 解答 **3**

☆：The new movie theater will open this Sunday, right, Jack?

★：I don't remember, so I'll check and call you tonight.

☆：Please call me on Saturday.

★：OK.

Question: When will Jack call the girl?

☆：今度の日曜日に新しい映画館がオープンするのよね，ジャック？

★：覚えていないから，確認して今晩君に電話するよ。

☆：土曜日に電話をして。

★：いいよ。

質問：ジャックはいつ女の子に電話をしますか。

1 放課後に。 **2** 今夜。 **3** 土曜日に。 **4** 日曜日に。

解説 The new movie theater「新しい映画館」について話しています。女の子の Please call me on Saturday. に，ジャックは OK. と答えています。tonight「今晩」は，ジャックが提案した点も聞き逃さないようにしましょう。

No. 15　解答　3

★：What did you do last Sunday, Betty?
☆：I wanted to visit my grandparents, but I had to write a science report.
★：So, you had to stay at home?
☆：That's right, Ken.
Question: What did Betty do last Sunday?

★：この前の日曜日は何をしたの，ベティー？
☆：祖父母のところに行きたかったんだけど，理科のレポートを書かなくちゃならなかったの。
★：つまり，家にいなければならなかったの？
☆：そうなの，ケン。
質問：ベティーはこの前の日曜日に何をしましたか。

1 彼女は祖父母を訪ねた。　　**2** 彼女は図書館へ行った。
3 彼女はレポートを書いた。　**4** 彼女は科学映画を見た。

解説　last Sunday のベティーの行動が話題になっています。visit my grandparents の前に出てくる wanted to ～「～したかった」を聞き逃さないようにします。実際には，I had to write a science report. と言っています。正解の **3** の wrote は write の過去形です。

No. 16　解答　1

☆：Hi, Kenji.
★：I have a question about the math homework, Ms. Green.
☆：I'm a little busy now. Can you come to the teachers' room after school?
★：Sure.
Question: What will Kenji do after school?

☆：あら，ケンジ。
★：数学の宿題について質問があるんですが，グリーン先生。
☆：今ちょっと忙しいの。放課後，職員室に来てくれる？
★：わかりました。
質問：ケンジは放課後に何をしますか。

1 グリーン先生に宿題についてたずねる。　**2** 図書館で数学の勉強をする。
3 職員室を掃除する。　　　　　　　　　　**4** グリーン先生の質問に答える。

解説　ケンジの I have a question about the math homework の聞き取りがポイントです。have a question about ～は「～について質問がある」という意味です。これを正解の **1** では，〈ask ＋人＋ about ～〉「（人）に～についてたずねる」を使って表現しています。

No. 17　解答　1

★：Sally, is your brother a student?

☆：No, Tom.　He teaches math at a high school.

★：I didn't know that.　Do you like math, too?

☆：No, I don't like it very much.

Question: Who doesn't like math?

★：サリー，君のお兄さんは学生なの？

☆：いいえ，トム。高校で数学を教えているのよ。

★：それは知らなかったな。君も数学が好きなの？

☆：いいえ，私はあまり好きじゃないわ。

質問：だれが数学を好きではありませんか。

1 サリー。 **2** サリーの兄［弟］。
3 トム。 **4** サリーの友だち。

解説　最初はサリーの兄のことが話題ですが，質問のdoesn't like 〜 に注意し，だれがmath「数学」を好きでないかを聞き取ります。Do you like math, too?という問いに，サリーがNo, I don't like it very much. と答えています。not 〜 very muchは「あまり〜ない」という意味です。

No. 18　解答　4

☆：Matthew, are you going to go to Jenny's birthday party tomorrow?

★：Yes, but I need to buy her a birthday present.

☆：Jenny likes cooking.　How about a cookbook?

★：Good idea!

Question: What are they talking about?

☆：マシュー，明日ジェニーの誕生日パーティーに行くの？

★：うん，でも彼女に誕生日プレゼントを買う必要があるんだ。

☆：ジェニーは料理が好きだわ。料理の本はどう？

★：いい考えだね！

質問：彼らは何について話していますか。

1 ジェニーのいちばん好きなレストラン。 **2** 料理の学校。
3 マシューの誕生日パーティー。 **4** ジェニーへのプレゼント。

解説　go to Jenny's birthday party tomorrow やbuy her a birthday presentから，Jenny's birthday party「ジェニーの誕生日パーティー」で何をあげたらいいか話していることがわかります。

No. 19　解答　2

☆：Steve, did you finish your homework?
★：Yes, Mom. Can I go to the park now?
☆：Yes, you can.
★：I'll come home before six.
Question: What will Steve do now?

☆：スティーブ，宿題は終わったの？
★：うん，お母さん。もう公園に行ってもいい？
☆：ええ，いいわよ。
★：6時前には帰ってくるね。
質問：スティーブは今から何をしますか。

1 宿題をする。
2 公園に行く。
3 お母さんの手伝いをする。
4 夕食を作る。

解説　スティーブのCan I go to the park now?と，母親のYes, you can.をしっかり聞き取ります。Can I 〜?は「〜してもいいですか」という意味です。homework「宿題」はすでに終わったと言っているので，**1**は不正解です。

No. 20　解答　2

☆：Jeff, hurry up. It's time to go to school.
★：I know, Mom, but I can't find my cap.
☆：It's on the kitchen table.
★：Really? Thank you.
Question: What is Jeff doing?

☆：ジェフ，急ぎなさい。学校へ行く時間よ。
★：わかってるよ，お母さん，でも帽子が見つからないんだ。
☆：台所のテーブルの上にあるわよ。
★：本当？　ありがとう。
質問：ジェフは何をしていますか。

1 彼は学校へ向かっている。
2 彼は帽子を探している。
3 彼は数学を勉強している。
4 彼は台所で料理をしている。

解説　hurry upは「急ぐ」，It's time to 〜 は「〜する時間です」という意味です。ジェフのI can't find my cap.の聞き取りがポイントになります。「帽子が見つからない」ので，今探しているということです。

No. 21 [解答] 2

Tomoko is going to travel to Okinawa with her family next month. Yesterday, she went to the library and read a book about Okinawa. She wants to try many kinds of food there.

Question: What did Tomoko do yesterday?

トモコは来月，家族といっしょに沖縄へ旅行に行きます。昨日，彼女は図書館へ行って，沖縄についての本を読みました。彼女はそこで，たくさんの種類の料理を食べたいと思っています。

質問：トモコは昨日，何をしましたか。

1 彼女は図書館で友だちといっしょに勉強した。
2 彼女は沖縄についての本を読んだ。
3 彼女は家族といっしょに沖縄を訪れた。
4 彼女はレストランで食事をした。

[解説] 質問ではトモコの昨日の行動をたずねていることに注意します。Yesterday, she ... and read a book ...のreadは過去形なので，「レッドゥ」に近い発音になります。沖縄へ旅行に行くのはnext month「来月」なので，**3**を選ばないように気をつけましょう。

No. 22 [解答] 4

Anna has a dog. The dog's name is Cookie. Anna likes to walk Cookie in the park every morning. After Anna gets home from school, she plays with Cookie until dinner.

Question: What does Anna like to do in the morning?

アナは犬を1匹飼っています。犬の名前はクッキーです。アナは毎朝，クッキーを公園で散歩させるのが好きです。学校から帰ってきた後，アナは夕食までクッキーと遊びます。

質問：アナは朝，何をすることが好きですか。

1 公園を掃除する。　　　**2** 家で料理をする。
3 ペットショップに行く。　　**4** 犬を散歩に連れて行く。

[解説] Anna likes to walk Cookie in the park every morning.の聞き取りがポイントです。walk 〜 が「（ペットなど）を散歩に連れて行く」という意味で使われていることに注意します。get home from 〜 は「〜から帰宅する」という意味です。

No. 23　解答　1

Ken visited San Francisco last summer.　He was surprised because Japanese food was popular there.　Now, he's studying English hard because he wants to go there again in the future.

Question: What does Ken want to do in the future?

ケンは昨年の夏，サンフランシスコを訪れました。そこでは和食の人気があったので，驚きました。今，彼は将来もう一度そこへ行きたいと思っているので，英語を一生懸命勉強しています。

質問：ケンは将来何をしたいと思っていますか。

1 サンフランシスコを訪れる。　　**2** 英語を勉強する。
3 和食を作る。　　　　　　　　　**4** 日本語を教える。

解説　最後の … because he wants to go there again in the future を確実に聞き取ります。there「そこへ」とは，to San Francisco「サンフランシスコへ」ということです。**2** の Study English. は現在していることなので，不適切です。

No. 24　解答　2

Mr. Brown and his wife live in a city near Houston.　They have a son and a daughter. Their son is six years old, and their daughter is three.

Question: How many children do Mr. and Mrs. Brown have?

ブラウンさんと奥さんは，ヒューストンの近くにある市に住んでいます。彼らには息子が1人と，娘が1人います。息子は6歳で，娘は3歳です。

質問：ブラウンさん夫妻には何人の子どもがいますか。

1 1人。　　　　**2** 2人。　　　　**3** 3人。　　　　**4** 6人。

解説　質問は How many ～ で始まっていて，子どもの人数をたずねています。a son「1人の息子」，a daughter「1人の娘」の部分を正しく聞き取りましょう。children は child「子ども」の複数形なので，男の子と女の子の両方を含めた意味になるので注意しましょう。

No. 25　解答　2

Sam had breakfast with his parents this morning.　After breakfast, he went to school with his sister by bus.　He met his friend Ben on the bus.

Question: Who did Sam meet on the bus?

サムは今朝，両親といっしょに朝食を食べました。朝食後，姉[妹]といっしょにバスで学校へ行きました。バスの中で，友だちのベンに会いました。

質問：サムはバスの中でだれに会いましたか。

1 彼の両親。　　　　　　　　　　**2** ベン。
3 ベンの友だち。　　　　　　　　**4** 彼の姉[妹]。

解説　最後にある，He met his friend Ben on the bus. の聞き取りが重要です。met は meet「～に会う」の過去形です。… he went to school with his sister …「姉[妹]といっしょに学校へ行った」とあるので，バスの中で姉[妹]に会ったわけではありません。

89

No. 26 　解答　1

Good morning, students. There will be an English speech contest in the gym next month. If you want to be in the contest, please talk to Mr. Okada.

Question: What is the woman talking about?

生徒の皆さん，おはようございます。来月，体育館で英語のスピーチコンテストがあります。コンテストに参加したい人は，岡田先生にお話しください。

質問：女性は何について話していますか。

1　スピーチコンテスト。
2　英語の宿題。
3　新しい先生。
4　学校の体育館。

解説　学校でのアナウンスです。Good morning, students. の後に，There will be 〜.「〜があります」と放送の趣旨が説明されています。gym「体育館」は an English speech contest「英語のスピーチコンテスト」が行われる場所なので，話題の中心ではありません。

No. 27 　解答　3

Bob and his father like nature. They often climb mountains, go fishing in the river, and swim in the sea. Last Sunday, they walked around the lake in the next town.

Question: Where did Bob and his father go last Sunday?

ボブとボブのお父さんは自然が好きです。彼らはよく山に登ったり，川へ釣りに行ったり，海で泳いだりします。先週の日曜日，彼らはとなりの町にある湖の周りを歩きました。

質問：ボブとボブのお父さんは，先週の日曜日にどこへ行きましたか。

1　山へ。　　2　川へ。　　3　湖へ。　　4　海へ。

解説　場所を表す語句がたくさん出てきますが，質問ではボブが父親と last Sunday に行った場所をたずねています。Last Sunday, they walked around the lake in the next town. の聞き取りがポイントです。walk around 〜 は「〜の周りを歩く」という意味です。

No. 28 　解答　1

Today, I wanted to play with my friends, but I couldn't. I had to visit my mother in the hospital in the morning. In the afternoon, I cooked dinner for my family.

Question: What did the girl do this morning?

私は今日，友だちと遊びたいと思いましたが，そうすることができませんでした。午前中は，入院している母のお見舞いに行かなければなりませんでした。午後は，家族に夕食を作りました。

質問：女の子は今朝何をしましたか。

1　彼女は母親に会った。
2　彼女は友だちと遊んだ。
3　彼女は家族のために料理を作った。
4　彼女は友だちを訪ねた。

解説　I had to visit my mother in the hospital を，正解の 1 では meet「〜に会う」の過去形 met を使って，「母親に会った」としています。3 の cooked for her family は女の子が午後にしたことです。

No. 29　解答 3

Jim was tired at school today, but he began to do his homework soon after he came home. It was four o'clock in the afternoon.　He finished his homework in two hours.

Question: When did Jim finish his homework?

ジムは今日学校で疲れましたが，帰宅してすぐに宿題をやり始めました。それは午後4時でした。彼は2時間後に宿題を終えました。

質問：ジムはいつ宿題を終えましたか。

1 4時に。　　　　**2** 5時に。　　　　**3** 6時に。　　　　**4** 7時に。

解説　It was four o'clock in the afternoon. の It は，began to do his homework「宿題をし始めた」時間を指しています。最後の in two hours は「2時間後に」という意味で，ジムが宿題を終えたのは午後6時ということになります。

No. 30　解答 3

Max was going to meet Susan at the station at 3:00, but she wasn't there when he arrived. She left her bag on the train and had to look for it.　She got to the station at 3:30.

Question: Why couldn't Max meet Susan at 3:00?

マックスは3時に駅でスーザンに会う予定でしたが，彼が到着したとき，スーザンはそこにいませんでした。彼女は電車の中にかばんを置き忘れて，それを探さなければならなかったのです。彼女は3時30分に駅に着きました。

質問：マックスはなぜ3時にスーザンと会うことができなかったのですか。

1 彼が間違った場所へ行った。　　　　**2** 彼がかばんをなくした。
3 スーザンが遅れた。　　　　　　　　**4** スーザンが彼を探さなかった。

解説　1文目でマックスが予定の時刻の3時にスーザンに会えなかったという状況が説明され，次の文でその理由が述べられています。She got to the station at 3:30. から，スーザンが遅刻したことがわかります。

MEMO